Karen Lohse

Wolfgang Hilbig
Eine motivische Biografie

Noch

Ferne Versammlung bleicher Gedanken
die noch schweigen
                         von alten Grenzen abgeschirmt
vom Grenzenlosen eingeschneit –
von Zeit
                     und Wind bestürmt –
noch will sich nicht ihr dunkler Ursprung zeigen.

Brennende Schneegestöber flogen durch das Lampenschwanken
und eine Fußspur führte
                     noch unverloren übers Eis –
nichts von Erinnrung rührte sich im dunklen Weiß.

Es war der letzte Schnee aus dem vergangnen Jahr
er stellte nur den Wirbel um sich selber dar
nicht mehr: und nicht mein Ich im weißen Kreis.

                                               Wolfgang Hilbig, 1990

Karen Lohse

Wolfgang Hilbig
Eine motivische Biografie

Plöttner Verlag

Bibliografische Informationen der Deutschen Bibliothek:
Die Deutsche Bibliothek verzeichnet diese Publikation in der Deutschen
Nationalbibliografie; detaillierte bibliografische Daten sind im Internet
über www.d-nb.de abrufbar.

Alle Rechte der Deutschen Ausgabe
© Plöttner Verlag Leipzig GbR 2008

1. Auflage

ISBN 978-3-938442-44-9

Satz & Layout: Katja Eichfeld
Umschlaggestaltung: Caroline Kober unter Verwendung eines Fotos
aus dem Archiv von Natascha Wodin; Fotograf unbekannt
Druck: Druckhaus Thomas Müntzer

Wir danken allen Privatpersonen für die freundliche Abdruck-
genehmigung. In Fällen, in denen es nicht gelang, Rechtsinhaber an
Abbildungen zu ermitteln, bitten wir diese, sich mit dem Verlag
in Verbindung zu setzen.

www.ploettner-verlag.de

INHALT

Vorwort: Innen und Außen –
das Autobiografische an Wolfgang Hilbigs Texten   6

I	Meuselwitz und Leipzig, 1941–1985	9
1	Lager, Schule, Gefängnis – Die Herkunft	11
2	Trümmer, Asche, Kadaver – Das Vergängliche	23
3	Arbeit, Realismus, Schreiben – Das Dazwischen	37
4	Freiheit, Subkultur, Erfolg – Die Boheme	58
II	Der Westen, 1985–2007	73
1	Körper, Frauen, Sexualität – Die große Mutter	79
2	Bier, Rausch, Flucht – Der Durst	84
3	Simulation, Spitzel, Keller – Die Macht	87
4	Letzte Kämpfe	94
III	Stimmen über Wolfgang Hilbig – Interviews	97
1	Nachruf-Gedicht von Thomas Böhme	98
2	Interviews in alphabetischer Reihenfolge	99

Nachwort: Jürgen Hosemann: Ort der Gewitter (Wustrow).
Eine Erinnerung an den letzten Besuch bei Wolfgang Hilbig   140

Werkverzeichnis   144

Vorwort

Innen und Außen – Das Autobiografische an Wolfgangs Hilbigs Texten

Es gibt eine Erfahrung, die Wolfgang Hilbig schon sehr früh gemacht hat: Das Innenleben passt nicht in die Form, die das äußere Dasein vorgibt. Um zu überleben, muss es sich, mit Deleuze und Guattari gesprochen, deterritorialisieren. Es muss unsichtbar anwesend sein. Der unbesetzte Raum, in dem ein Schriftsteller sein Innenleben in Sicherheit bringt, ist die Sprache. Im Vorwort für das Buch »Fahrwasser. eine innere biographie in ansätzen« (1990) der Dichterin Jayne-Ann Igel konkretisiert Hilbig seine Unterscheidung zwischen dem Für-Sich-Sein und dem Für-Andere-Sein: *Wenn wir annehmen, daß* Biographie *die Beschreibung des Lebens eines Menschen von außen ist – dem die* Autobiographie *desselben oft genug, und besonders in diesem Land, nur konträr entspricht –, so hat Jayne-Ann Igel recht, wenn sie sich gegen das Wort »Bruch« verwahrt, ebenso, wie sie den Begriff »Wandlung« für sich nicht akzeptieren kann.*

Die äußerlich bleibende Biografie eines Menschen entwickelt sich besonders unter den Bedingungen einer Diktatur anders als dessen Autobiografie. Welche der beiden Formen verfügt über mehr Wahrheit? Oder ist es erst die Zusammenschau beider, durch die ein stimmiges Bild des Porträtierten entworfen werden kann? Wolfgang Hilbig hat mehrere Leben geführt. Seine äußere Biografie zeigte das Bild eines aus der tiefsten Arbeiterklasse stammenden Mannes, der über zwei Jahrzehnte seines Lebens im Dreck der Industriebetriebe geschuftet hat. Seine innere Autobiografie begann dann, wenn rund um ihn Dunkelheit herrschte. Nachts, wenn die Menschen in seiner Umgebung schliefen, schrieb er.

Die Texte, die dabei entstanden, sind zutiefst von der äußeren Realität geprägt. Aber was Hilbig dort verhandelte, ist eine fingierte Realität, die dem Autor zu einer Möglichkeit verhalf, die verschiedenen Räume des eigenen Seins zu betreten. Auf diese Weise konnte er sich zu dem machen, was er sein wollte, aber auch eine Situation herstellen, vor der er sich fürchtete und sich ihr stellen. Durch den Einbezug biografischen wie autobiografischen Materials vermitteln Hilbigs Texte eine starke Authentizität, die bloße Fiktion so nicht transportieren kann. Die realen Informationen bilden aber nur den Anlass oder Hintergrund von Hilbigs Texten. Hilbig übersetzte eine allgemeine Bewusstseinslage in Sprache. In seinem Roman »Das Provisorium« (2000) war das zum Beispiel die Erfahrung eines ostdeutschen Schriftstellers, der kurz vor der Wende in den Westen ausreist. Bald darauf merkt dieser Mann, dass er den Terror der realsozialistischen Diktatur nur gegen den einer sich immer mehr beschleunigenden Konsumwelt eingetauscht hat. Hilbig hat Ähnliches erfahren, aber neben ihm auch tausende andere ehemalige DDR-Bürger, die sich mit den Wendewirrnissen nicht zurechtfanden.

Fiktion und Realität gehen in Hilbigs Texten eine Symbiose ein und lassen sich nur sehr schwer voneinander separieren. In einem Interview mit Jürgen Krätzer beschrieb er sein poetisches Verfahren als Versuch, Unwirkliches mit realistischen Mitteln so zu beschreiben, dass es real wirke.* Literaturgeschichtlich befindet er sich damit in Gesellschaft von Franz Kafka und E. T. A. Hoffmann. Und wie bei diesen beiden gilt bei Hilbig ebenso der umgekehrte Fall: Wirkliches wird so beschrieben, dass es irreal wirkt. Vertraute Situationen und Bilder erscheinen durch den plötzlichen Einbruch fantastischer Elemente unheimlich: Im abendlichen Dämmerlicht sind die fädigen Müllstreifen im Geäst knorriger, entlaubter Bäume plötzlich menschliches Haar.

Hilbigs Texte sind durch immer wiederkehrende Motive miteinander verbunden. Die Motive geben realen Erfahrungshintergrund in komprimierter Form wieder. Sie sind der Ausgangspunkt für jedes weitere textuelle Geschehen und jedes textuelle Geschehen kehrt zu ihnen zurück. Die Motive seines Schreibens waren auch die seines Lebens. Einige, wie »Asche« oder »Die große Mutter« begleiteten ihn von Kindheit an. Andere kamen erst später hinzu, zum Beispiel »Macht« und »Gefängnis«. Einer konkreten Chronologie verweigern sie sich. Teilweise gehen sie ineinander über, vermischen oder überlagern sich. Die Chronologie von Hilbigs Schreiben war nicht die seines Lebens.

Werden Biografie und Autobiografie zusammen betrachtet, ergeben sich aufschlussreiche Parallelen. Dazu bieten sich die Motive seines Lebens und Schreibens an. Der Leser eines Buches, dessen Untertitel das Wort »Biografie« beinhaltet, erwartet einen sich sukzessive entwickelnden Le-

---

* Krätzer, Jürgen: »Für einen Schriftsteller, der einen Text schreibt, ist die Welt immer auf irgendeine Weise provisorisch …«. Ein Gespräch mit Wolfgang Hilbig, in: die horen, 46. Jg. 3. Quartal, 2001, S. 151

benslauf. Den wird es auch in diesem Buch geben und an ihm orientiert sich die Struktur, doch er steht nicht im Vordergrund. Hilbigs biografische Daten beleuchten die Motive seiner Texte unter einem neuen Licht und eröffnen neue Perspektiven auf sein literarisches Gesamtwerk.

Als ich vor einigen Jahren im Rahmen einer Seminararbeit das erste Mal einen Text von Wolfgang Hilbig gelesen habe – den Roman »Ich« – war ich fasziniert davon, wie die morbide Düsternis in der Seele des Protagonisten auf die Außenwelt übergreift. Ich spürte: Hier geht es um realen Schmerz, um wirkliche Verzweiflung. Hier versteckt sich niemand hinter fiktiven Figuren. Die schonungslose Wahrheit, die kompromisslose Ehrlichkeit, die hinter den Zeilen standen, berührten mich. Ich merkte, derjenige, der diese Zeilen geschrieben hatte, will nicht gefallen, sucht nicht die Provokation. Gerade deshalb waren und sind seine Texte eine Provokation an sich, sowohl damals in der DDR als auch jetzt im wiedervereinigten Deutschland.

Hilbig war unbestechlich. Er ließ sich nicht vereinnahmen und beharrte auf seiner Meinung, auch wenn sie unbequem war. Beim Verfassen seiner Texte hatte er keine Verkaufszahlen im Hinterkopf. Jahrelang schrieb er mit dem Wissen, keinerlei Aussicht auf Veröffentlichung zu haben. Schreiben war seine Form zu leben, so essenziell, dass sich für ihn nie die Frage nach einem anderen Lebensweg stellte. Dieses Beharren auf der inneren Notwendigkeit machte ihn zum Außenseiter, zum Sonderling, der sich ständig zwischen den Stühlen wiederfand. Es war dieses beinah an Sturheit grenzende Nicht-aufgeben-Wollen, das ihn groß erscheinen lässt. Sein Leben lehrt, an den eigenen Träumen festzuhalten, an dem, was man für sich selbst als richtig erkannt hat, und seine eigene Autobiografie gegen die Zuschreibungen der Außenwelt zu verteidigen.

Das Erscheinungsdatum dieses Buches fällt mit Wolfgang Hilbigs erstem Todestag zusammen. Der Schmerz des Verlustes war bei vielen engen Freunden und Familienangehörigen noch zu groß, um sich über ihn mitzuteilen. Das vorliegende Buch ist deshalb eine erste biografische Annäherung an Wolfgang Hilbig und sein literarisches Lebenswerk. Ein Anspruch auf Vollständigkeit kann daher nicht bestehen.

Ich danke an dieser Stelle allen Freunden, Bekannten und Kollegen von Wolfgang Hilbig, die mir so freundlich und bereitwillig Einblick gewährten in das Stück Leben, das sie mit ihm verbracht haben.

Karen Lohse im März 2008

I   MEUSELWITZ UND LEIPZIG, 1941–1985

1 Lager, Schule, Gefängnis – Die Herkunft

»Wo gehn wir denn hin?« »Immer nach Hause.«
Novalis: »Heinrich von Ofterdingen«

Als er es fand, lag das Boot lange schon am Ufer eines alten aufgebrochenen Kanalarms. Es wartete auf ihn, wartete, dass er die lähmende Müdigkeit überwand, es bestieg, zuerst den Kanal überquerte, um dann auf den See hinauszufahren. Der Preis des Aufbruchs ist das Vergessen: zu vergessen, wer man ist und wo man herkam. An den Ursprung aller Anfänge zurückzureisen, neu anzufangen, unbelastet von der eigenen Vergangenheit und der Vergangenheit der anderen, die davor da waren und ihre Erinnerungen in dunklen Halden abluden, Rätsel und Bedrohung den Nachgeborenen zugleich. Dem Protagonisten aus Wolfgang Hilbigs Erzählung »Aufbrüche« (1968) gelingt das Vergessen nicht. Eigene und fremde Erinnerungen verflechten sich in seinem Inneren zu einem unentwirrbaren Knäuel. Nie Gewusstes oder vergessen Geglaubtes drängen sich an ihn heran und verhindern seinen Aufbruch. So steht er am Ufer und sieht dem Boot beim Verfaulen zu, blickt auf die Berge von Lehm und Kies *die hier nicht heimisch werden wollen* und wird sich bewusst, dass diese unterirdische Erde ihn unaufhörlich anredet. Dass sie ihn zum Chronisten ihrer Geschichte macht, ob er will oder nicht. In »Die Kunde von den Bäumen« (1994) merkt Waller, dass die Materie seines Körpers selbst aus dieser unterirdischen Erde besteht, dass sie es ist, die aus ihm heraus spricht.

Die Kleinstadt Meuselwitz liegt inmitten eines Gebiets, in dem die Zeitschichten der Erde durcheinandergeraten sind. Legte sich einst das gerade Vergangene auf noch ältere organische und anorganische Substanz, brachte hier im mitteldeutschen Braunkohlerevier der Bergbau diese Schichtung durcheinander. Jahrtausendelang gewachsene Landschaftsstrukturen verwandelten sich innerhalb weniger Jahrzehnte in Halden aus Erde und Gestein. Ein seltsames Nebeneinander: Die grüngelben Punkte einer spärlichen Vegetation, die nach jahrelangem Brachliegen die Schuttberge überziehen. Am Rande der aufgerissenen Ebene die knorrigen Bäume, alt geworden in vielen Wintern und Sommern, denen jetzt keine mehr folgen werden, weil auch für sie die Zeit des Abbaggerns gekommen ist.

Als Hilbig am 31. August 1941 in Meuselwitz zur Welt kommt, ist die Infra- und Sozialstruktur des Ortes vom Bergbau geprägt. Dessen Anfang legt die Ortschronik auf das Jahr 1670, als der Altenburger Stadtphysikus Dr. Matthias Zacharias Pilling an der Altenburg-Meuselwitzer Landstraße *brennbare Erde** fand. Im Juni 1800 kartografierte der Salinenassessor Friedrich von Hardenberg in unmittelbarer Nähe die Kohlelagerstätten von Zeitz, Pegau, Zwenkau und Leipzig. Neben der petrografischen Erfassung der Gegend, nahm er auch die Zerstörungskraft des zu dieser Zeit beginnenden industriellen Bergbaus wahr. Aber Hardenberg war auch der Dichter Novalis, nach dessen Auffassung die Poesie nur durch das Mitdenken der Realität vollständig wurde, mochte sie noch so unpoetisch sein. *Kann es auch einen schönen Bergbau geben?*** fragte er sich auf dieser für ihn letzten Reise und legte damit die Spuren aus, die Hilbig später in den Abraumhalden der Tagebaue wiederfinden sollte.

Der Bergbau war es auch, der Hilbigs Großvater noch vor dem Ersten Weltkrieg nach Meuselwitz zog. Kaszimier Starlek kam aus Bielgoraj, zwischen Lublin und Jaroslaw gelegen. Ein Gebiet in dem die Machthaber stetig wechselten, zeitweise gehörte es zu Polen, dann wieder zu Russland oder sogar zu Österreich-Ungarn. Was bedeutete diese Konfusion für das Identitätsgefühl der dort ansässigen Bevölkerung? Man befand sich zwar am selben Ort, doch das Staatengefüge, die Nationalität, zu der man sich zugehörig fühlen sollte, wechselte ständig. In Hilbigs Erzählung »Die Erinnerungen« (1997) erzählt ein Heizer von der Herkunft seines Großvaters: *Was sollte dieser Unsinn in bezug auf Gegenden, in denen es keine festen Grenzen zu geben schien? – Ich hatte nicht einmal den Ort auf der Landkarte finden können, aus dem mein Großvater stammte. Und den hatte es anscheinend nie sonderlich interessiert, welchem Staat er angehörte.* Im Meuselwitzer Braunkohlengebiet wurden Arbeitskräfte gesucht, die Bezahlung war gut und so brach Kaszimier Starlek ins Thüringische auf. Kaschie, wie der Großvater schon bald von den Meuselwitzern genannt wurde, richtete sich in der Kleinstadt ein – eine kleine Wohnung in einer Bergarbeitersiedlung, ein *wüster garten am tagebau*, wie Hilbig in dem Gedicht »die gewichte« (1977)

---

* Müller, Steffi u. a. (Hrsg.): Meuselwitz und Umgebung, Leipzig 2000, S. 5
** Novalis: Schriften. Die Werke Friedrich von Hardenbergs, hg. v. Paul Kluckhohn und Richard Samuel, 6 Bde.; 3., nach d. Hs. erg., erw. u. verb. Aufl., Stuttgart 1977 ff., hier: Band II, S. 543.

schreibt. Er lernte Deutsch, das sogar dialektal gefärbt war, der rollende Akzent seiner slawischen Herkunft aber blieb. Wurde er hier wirklich heimisch? Ein Mann, der aus einer für die meisten Meuselwitzer so unvorstellbaren Ferne kam? Eher nicht. Seine Tochter, Hilbigs Mutter, assimilierte sich dagegen fast vollständig. Hilbig schreibt dazu in »die gewichte«: *meine mutter unter allen umständen wollte / deutsch werden doch ihr haar war von der farbe des honigs / der aus den früchten floß*. In frühen Jugendjahren versuchte auch Hilbig, sich den herrschenden Gemeinschaftsregeln so passgenau wie möglich anzugleichen. Später mystifizierte er die Wurzeln seiner Familien, die so zu einer wichtigen Schaffensgrundlage wurden: *ich habe von den deutschen / das lesen und schreiben von meinem großvater die art / zu sehen scharf wie den deutschen weibern das rohsa fleisch / durch die haut scheint und die lust / den honig in der stille zu riechen* (»die gewichte«). Als Hilbig in späteren Jahren mehrmals die Möglichkeit hatte, mit Freunden in die Gegend um Bilgoraj zu reisen, suchte er beinah manisch nach Ausreden, um nicht zu fahren. Er wollte sich den Mythos um seine Herkunft nicht durch die Wirklichkeit demontieren lassen. Eine Postkarte, die ihm ein Freund 1979 aus Bielgoraj sandte, hütete er wie eine Reliquie. Der Spitzname seines Großvaters – Kaschie – ging auf Hilbig über und begleitete ihn sein Leben lang.

Zum Haushalt in der Rudolf-Breitscheid-Straße 19b gehörte neben dem Großvater und der Mutter noch die Großmutter. Sie starb 1954. Das Haus und die enge Wohnung im ersten Stock tauchen in vielen Texten Hilbigs auf, prägten sogar seine Art zu schreiben. Weil das Geräusch der klappernden Schreibmaschine die nebenan schlafende Mutter störte, schrieb er mit Bleistift und tippte das Geschriebene erst später ab. Bis zuletzt behielt er dieses Verfahren bei. Wenn Hilbig als junger Mann spät abends nach Hause kam, war der einzige Zugang zur Wohnung oft der Keller: Mehr oder weniger angetrunken kam es häufig vor, dass er den Haustürschlüssel nicht mehr fand und gezwungen war, durch das Kellerfenster einzusteigen. Stolperte er in diesen Momenten über »Die Flaschen im Keller« (1987)? Hilbigs Vater wurde 1942 bei Stalingrad als vermisst gemeldet. Eine Suchanzeige über das Deutsche Rote Kreuz verlief, wie in vielen derartigen Fällen, erfolglos. Der Vater blieb eine Leerstelle in Hilbigs Leben. Die Vaterrolle übernahm zu Teilen der Großvater, der 1973 starb.

Die Rudolf-Breitscheid-Straße mündete in das Ruinenfeld einer ehemaligen Munitionsfabrik, an die im Zweiten Weltkrieg ein Außenlager des Konzentrationslagers Buchenwald angegliedert war. Kurz vor Kriegsende wurden die überlebenden Zwangsarbeiter von der SS zu einem Todesmarsch getrieben. Nach dem Eintreffen der russischen Truppen sprengte man die Hallen, doch bis weit in die 70er Jahre hinein blieben zahlreiche Ruinen stehen. Das Lager, wie dieser Ort von den Einwohnern genannt wurde, ist in Hilbigs Texten Signalwort für die Beschäftigung mit den Schatten des Nationalsozialismus. Zu den ersten Kindheitserinnerungen des Protagonisten der Erzählung »Die Weiber« (1987) gehört die Kolonne der im KZ inhaftierten Frauen. Gleich am Ende der Straße, in der er wohnte, befand sich das Lager. Er wuchs zwar in unmittelbarer Nähe zu dem Ort auf, an welchem furchtbare Verbrechen begangen wurden, hat aber als Erwachsener, der hierher zurückkommt, nur den vagen Verdacht, dass es sich bei den braunen Spritzern an den Wänden der Ruinen um Blut handeln könnte.

Diese Ahnungen laden sich in einem anderen Text mit Realität auf: In der Erzählung »Die Einfriedung« (1979) muss der Ich-Erzähler aus unbekannten Gründen eine Gefängnisstrafe absitzen. Dort wird er von schrecklichen Gewissheiten gequält: *In den langen schlaflosen Nächten in der Zelle hatte sich das Wort Lager in meinem Kopf festgesetzt, mir schien es möglich, dieses Wort in all seinen furchtbaren Bedeutungen verstehen zu können.* Durch diese Erkenntnis erhalten bestimmte Kindheitserlebnisse einen ganz anderen Hintergrund. Er erinnert sich an den Krieg nach dem Krieg, der zwischen Umsiedlerkindern und Einheimischen auf dem Gelände der ruinösen Munitionsfabrik herrschte: *Und in dem unterirdischen Kanalsystem, das das Terrain der Werke weithin und aufs komplizierteste unterkellerte, tobten erbitterte Auseinandersetzungen um jeden Abzweig der Gänge, denn die Beherrschung dieses Systems – aus dessen Labyrinthen einige der mit Schleudern bewaffneten Schüler nie wieder auftauchten – kam der Herrschaft über das gesamte Ruinengelände gleich.* Auf dem belasteten Areal wächst eine neue Generation von Kriegern und Soldaten heran, die Gewalt zur Durchsetzung ihrer Ziele als adäquates Mittel betrachtet.

Hilbig besuchte die Erich-Mäder-Schule in der Pestalozzistraße bis zur achten Klasse. Die Institution »Schule« war für ihn ein notwendiges Übel. Er ließ sie an sich vorbeiziehen, empfand sie gar als »Belästigung«. Auf der anderen Seite begeisterte er sich früh für Literatur und las alles, was ihm in die Finger fiel. In den Schuljahren waren das vor allem Western- und Spionageheftchen, die in der DDR zwar offiziell verboten waren, aber über Westberlin hineingeschmuggelt wurden. Zerlesene und zerfledderte Heftchen, die von Hand zu Hand gingen und, abgesehen von ihrem Inhalt, schon an sich Dinge aus einer anderen Welt waren. Das Fremde und Fantastische faszinierte Hilbig, die gedanklichen Reisen in die Ferne, an nie gesehene Orte, die abseits lagen von allem Bekannten, abseits auch von den Zudringlichkeiten der unmittelbaren Umwelt an einen Heranwachsenden.

Sein Lieblingsbuch war damals »Die Schatzinsel« von Robert Louis Stevenson – ein Autor, der ihn auch in seinem späteren Lektüreleben begleitete. An Stevensons Erzählung »Das Haus in den Dünen« beeindruckte ihn die Konstruktion des Unheimlichen. Das Gelesene wurde gegenüber der Realität zur Parallelwelt. Irgendwann war der Punkt erreicht, an dem Literatur und Leben ineinandergriffen: Hilbig fing selbst an, kleine Geschichten im Stil seines damaligen Lesestoffs zu schreiben. Ein wahrer Strom von Einfällen und Ideen ergriff ihn: Er füllte Schulheft um Schulheft, gab sie Mitschülern zu lesen, die sie ihm für ein paar Groschen begeistert abkauften. Später ließ er den Protagonisten in seinem ersten Roman »Die Übertragung« (1989) sagen: *soweit ich mich zurück erinnerte, war diese Stadt, die mein Heim war, für mich eine unheimliche Stadt gewesen*. Möglicherweise waren die Abenteuergeschichten in Hilbigs Leben und Schreiben ein erster Versuch, dem Unheimlichen, das ihn umgab, eine Form zu geben.

In dem Essay »Vorblick auf Kafka« (1983) verwahrte er sich dagegen, die ersten textuellen Lebensäußerungen eines Menschen in der Rückschau als selbstverständlichen Beweis, für ein späteres Dasein als Schriftsteller zu werten. Zwischen diesen Geschichten und den ersten literarischen Texten Hilbigs muss keine direkte Verbindung bestehen. Vieles hätte auch anders verlaufen können, doch zeigt diese Anekdote eine gewisse Tendenz an, eine Wesenseigenschaft – die Begeisterung für das Fiktionale. Wann ist man ein Schriftsteller? Ist es eine Zuschreibung, die man sich bewusst selbst geben kann? Oder wird man erst zum Schriftsteller, wenn die soziale Umwelt dieser Bestimmung einen Namen gibt?

Unter den Eindrücken eines Gefängnisaufenthaltes entdeckt der Ich-Erzähler in »Die Einfriedung« Ähnlichkeiten in der Struktur von Gefängnissen und Schulen. Die Schule beschreibt er als *kasernenartig*, die sie umgebende Mauer ist mit Glasscherben bestückt. Abgesehen von der abschreckenden Architektur ist es vor allem das disziplinarische Gehabe, welches sich gleicht. Der Name des ummauerten Platzes vor der Schule lautet *Schulgarten*. Zu Recht, wie der Ich-Erzähler sich erinnert, wurden doch hier *die sich entwickelnden Körper in der Kindheit geformt*. Die Folgen dieses »Zuchtvorgangs« – *niemand hat diesen Platz nach acht Jahren anders denn als Knecht verlassen* – wirken in der Biografie des Ich-Erzählers schmerzhaft nach. Während seiner Haftzeit wiederholen sich die Erfahrungen, Erinnerungen überlagern sich: Gerade noch ein Schüler, der, als Strafe, mit dem Gesicht zur Schulmauer verharren muss – *denk daran, das Gesicht gekehrt gegen die rotbraune Feuerglasur der akkurat verfugten Ziegel* – schon der Strafgefangene – *Sie wissen doch, daß Sie mit dem Gesicht zur Wand zu stehen haben, Verhafteter, es hat Sie nicht zu interessieren, was in diesem Haus vorgeht.*

Nur selten hatten die Lehrer in Hilbigs Schulzeit Vorbildfunktion. Entweder waren sie rote Opportunisten mit HJ- oder BDM- Verhaltensweisen oder überforderte Neulehrer, die kaum auf die Belange einzelner Schüler eingehen konnten. Dennoch lernte Hilbig sehr gern. Unermüdlich eignete er sich im Laufe seines Lebens Wissen aus den unterschiedlichsten Gebieten an. Seine Begabung für Sprache und Literatur wurde in der Schulzeit nicht entdeckt, dafür aber eine andere: Sport. Hilbig war schon als Kind ein großes Bewegungstalent. Unermüdlich rannte er im Sportunterricht durch die weiten Tagebaue. Die Sportförderung in der DDR setzte sehr früh an und hatte eine enorme Breitenwirkung. Sport spielte nicht nur als Schulfach eine Rolle, auch im Rahmen von Pioniernachmittagen oder sonstigen staatlich gelenkten Jugendveranstaltungen ging es sportlich zu: Wer bei Ballspielen, Wanderungen und Märschen Ausdauer und Geschicklichkeit bewies, erregte Aufmerksamkeit. Hilbig fiel auf. Seine körperliche Kraft und Kondition, der gedrungene und kompakte Körper machten ihn zum idealen Boxer. Hilbig war engagiert und ging mit großer Disziplin regelmäßig zum Training. Und er war gut. Der Sport brachte die Bestätigung der Umwelt, die ihm für seine Texte nicht gewährt wurde.

Im Arbeitermilieu der DDR war es nicht der Geist, der bewundert wurde, sondern die körperliche Kraft. In der Erzählung »Die Angst vor Beethoven« (1985) heißt es: *Der Wille zum Geist ist der Klasse meiner Herkunft fremd aus Vererbung, dachte ich, da sie seit Anfang an sich nur die Tüchtigkeit des Dienens, und dafür den gesunden Körper und das gesunde Gehirn, also deren Verkäuflichkeit, akzeptiert hat.* Hilbig hörte auf zu Boxen, nachdem ein Sportkamerad nach einem Kampf unter der Dusche tot zusammenbrach – Gehirnblutung. Es blieben die typische Boxernase, die Fähigkeit zu strengster Disziplin und die Lebenseinstellung des Sich-Durchschlagens und Sich-Durchboxens. Sein Kampfstil war das Conterboxen, die Defensive – solange durchhalten, bis der angreifende Gegner erschöpft die Deckung fallen lässt, um dann zum alles entscheidenden Schlag anzusetzen. Bei einem Autor, der Erlebtes und Erdachtes so eng zusammenführt, sucht der aufmerksame Leser spontan nach dieser Boxstrategie in Hilbigs Texten und wird schnell fündig: Genau wie Boxer darauf trainiert sind, bestimmte neuralgische Punkte zu treffen, bei denen der Gegner sofort bewusstlos zu Boden sinkt, gehen auch Hilbigs Texte vor. Langsam und schleichend fangen sie die Aufmerksamkeit des Lesers ein, hypnotisieren ihn, kreisen ihn ein, schlagen an einer Stelle plötzlich und unvermittelt zu und rauben mit ihrer poetischen Gewalt die Sinne. Das Boxen als konkretes Thema taucht in der Eingangsszene von Hilbigs letztem Roman »Das Provisorium« (2000) auf. In einer Boutique fühlt der Protagonist C. einen menschlich aussehenden Schatten in seinem Rücken, *einen gegen sich erhobenen Arm*. Mit gezielten Schlägen geht er zum Angriff über und ist erstaunt, *wie prachtvoll seine Instinkte noch funktionierten*. Mit exaktem Boxvokabular beschreibt Hilbig den Kampf: *Automatisch flog ihm die Linke aus der Hüfte und übercrosste den drohend erhobenen Arm (…) Und indem er mit einem kleinen Step wieder auf beide Füße pendelte, traf er mit einem zweiten linken Cross den ungedeckten Kopf noch einmal voll.* C. streckt den vermeintlichen Angreifer nieder, der in einer Wolke aus Gipsstaub in sich zusammensackt – es war eine Schaufensterpuppe.

Nach der achten Klasse machte Hilbig in der Meuselwitzer Maschinenfabrik eine Ausbildung zum Bohrwerksdreher. Während des ausbildungsbegleitenden Berufsschulunterrichts wurde ein Deutschlehrer auf ihn aufmerksam. Hans Robert Schröder, ein Kinder- und Historienbuchverfasser, leitete in Altenburg einen »Zirkel schreibender Eisenbahner«, dessen Tagungen auf dem Bahnhof stattfanden, wie Hilbig später in einem Interview erzählte.[*] Vermutlich durch die Vermittlung von Schröder oder um die Quote für kulturelle Aktivitäten des Betriebes zu erreichen – Hilbig wurde 1964, als er in den Hochfrequenzwerkstätten in Meuselwitz arbeitete, von seinem Betrieb in den Zirkel delegiert. Ob dieser Kreis mit seiner spezifischen Thematik rund um Bahnhöfe und Eisenbahnen seine Spuren bei ihm hinterlassen hatte, lässt sich nur vermuten. Sicher ist, dass Bahnhöfe ein nicht seltenes Sujet seiner Texte waren. Innerhalb dieses Zirkels musste Hilbig schon durch seine Texte hervorgetreten sein, denn er wurde zu zwei Schreibwerkstätten gesandt. Zwischen den beiden Seminaren fand 1965 das XI. Plenum des ZK der SED statt, auf dem Walter Ulbricht diejenigen Künstler an den Pranger stellte, die sich vom parteipolitischen Auftrag emanzipiert hatten, unter anderem auch Wolf Biermann. Während dieser

---

[*] Grundmann, Uta; Klaus Michael und Susanna Seufert (Hrsg.): Einübung der Außenspur, Leipzig 1996, S. 133.

auf dem ersten Seminar noch hoch gelobt wurde, schlug die Stimmung später in das Gegenteil um: Biermann wurde zur Zielscheibe von Hasstiraden, mit Worten wie »Kloakengedichte« steigerten sich die parteitreuen Veranstalter in eine Hilbig anwidernde Entrüstungslust hinein. Er protestierte gegen dieses Verhalten und musste den Zirkel verlassen.

In einem erstmals im Januar 2003 ausgestrahlten Interview, das Günter Gaus mit Hilbig führte, sollte er definieren, was »Heimat« für ihn bedeute. Nach kurzem Zögern antwortete er, dass er kein Heimatgefühl kenne: *Ich bin in einem Drecknest, in einer Kleinstadt groß geworden – da konnte man solche Gefühle gar nicht entwickeln.* Trotzdem hatte er knapp vier Lebensjahrzehnte in Meuselwitz verbracht. Später noch, Hilbig wohnte längst in Westdeutschland, besuchte er hier regelmäßig seine Mutter. Das kleinstädtisch-proletarische Milieu prägte ihn zutiefst. Wenn Hilbig später Gaus auf die Frage, ob er sich in frühen Jahren fremd gefühlt habe, antwortete, dass das Empfinden fremd zu sein für ihn das ureigenste Gefühl sei, das er dem Leben gegenüber habe, so nimmt das seinen Anfang in Meuselwitz. Hilbig war in seiner Jugend kein Kind von Traurigkeit, keinem Trinkgelage, keiner Schlägerei abgeneigt. Damit unterschied er sich in nichts von der Masse anderer Jugendlicher in seinen Alter. Dennoch war ab einem bestimmten Zeitpunkt die Aufmerksamkeit der Einwohner auf ihn gerichtet. Das Schreiben von Abenteuergeschichten sahen sie als Tändelei, die sich mit dem Ende der Kindheit verliert. Als Hilbig jedoch als junger Mann immer noch eifrig las und schrieb, schürte das Misstrauen. War man einmal in den Fokus der öffentlichen Aufmerksamkeit geraten, wog es gleich doppelt schwer, betrunken aus dem Tanzsaal getorkelt oder zu spät zur Arbeit gekommen zu sein.

Obwohl die Engstirnigkeit seines Herkunftsmilieus Hilbig in seiner Individualität einschränkte, fühlte er sich an den proletarischen Arbeitsethos gebunden und zögerte aus diesem Grund lange, sich ganz dem Schreiben zu widmen. Wer nicht arbeitete galt schnell als asozial, egal, ob er sich mit Schreiben seinen Lebensunterhalt verdienen konnte. Schreiben galt nicht als Arbeit. Das machte Kaszimier Starlek seinem Enkel klar. Wenn der analphabetische Großvater erklärte, Lesen und Schreiben seien verschwendete Zeit, kritisierte er nicht das Lesen und Schreiben an sich. Ihm tat es um die Zeit leid, die nicht mit »richtiger Arbeit« gefüllt worden war. Meuselwitz wurde Hilbig auf andere Art zur Heimat. Die Philosophin Karen Joisten definiert Heimat als ein spezifisch menschliches Gefühl, das der Mensch aus sich selbst heraus produzieren kann, wenn die äußeren Umstände dazu

Anlass geben. Heimat manifestiert sich in der Kreuzung von Zeit, Raum und sozialem Kontakt, wobei die drei Komponenten auch unterschiedlich gewichtet sein können. Heimat fokussierte sich bei Hilbig primär im Raum und später, in einem weiteren Schritt, innerhalb der Literatur. Meuselwitz und seine Umgebung wurden zu einer Wahrnehmungsfolie, die sich über alle anderen Erfahrungen legte, die er machte, und alle anderen Orte, an denen er war. Diese Stadt hatte ihn geprägt. Meuselwitz war seine literarische Landschaft. Hilbig nahm die kleine Stadt in der thüringischen Provinz mit in die Weltliteratur, wie Günter Grass Danzig und Alfred Döblin Berlin. Der Protagonist aus »Der Nachmittag« (1997) kehrt nach langen Jahren in seine Heimatstadt zurück. Als er die Straße vor dem Bahnhof betritt, wird ihm schlagartig klar, wie sehr die kleine Stadt M. Bestandteil seines Lebens geworden war: *Es ist etwas so Bekanntes in dem seifigen Geschmack der Luft, das mich gar nicht auf die Idee kommen läßt, meinen Weg in die Stadt als Rückkehr zu bezeichnen: ich denke nicht an ein Wiederkommen, ich bin niemals fort gewesen. Nein, ich habe die Stadt nie wirklich verlassen, ich bin manchmal bloß aus ihr geflüchtet: in Wahrheit war es die Stadt, die mich nie wirklich verlassen hat.*

Konkrete Lokalitäten rund um Meuselwitz wurden Hilbig in dem Maße zur Heimat, wie er sie in Literatur übertrug. Den Schriftsteller Waller in »Die Kunde von den Bäumen« lässt er sagen: *Meine Geschichten waren im Grund dieses Landstrichs vergraben, über dem ich Posten bezogen hatte.* Ähnlich wie William Faulkner, den Hilbig sehr schätzte, die Gegend von Lafayette County zum realen Vorbild für sein fiktives Yoknapatawpha County nahm, ist auch das literarische Meuselwitz in den Texten Hilbigs Fiktion, die der Realität entwachsen ist. Sein fiktives Beschreiben der Realität ist allerdings keine Lobeshymne, sondern ein düsterer Blick in die Abgründe der menschlichen Seele. Sein Freund Dieter Kalka, auch aus Meuselwitz stammend, schreibt über den Umgang der Stadt mit einem ihrer berühmtesten Söhne: *Man hat den Eindruck, dass der Autor sich auch nach seinem Ableben endlich entschuldigen möge, dass er keine Jubelgesänge anstimmte über den Ort, der ihn und seinen besten Freund Jürgen Schreiber ins Gefängnis brachte – wegen angeblichen Verbrennens einer DDR-Fahne.**

Das klingt auf den ersten Blick sehr hart. Was steckt dahinter? Zunächst das schon erwähnte Misstrauen, dem Hilbig durch sein Schreiben

---

* Kalka, Dieter: Totenstille im Dichtergarten, Leipziger Volkszeitung, Magazinbeilage Literatur, S. 2, 19.10.2007.

ausgesetzt war. Der ebenfalls in Meuselwitz aufgewachsene Lutz Nitzsche-Kornel beschreibt das soziale Klima der Stadt in den siebziger und achtziger Jahren des vergangenen Jahrhunderts als tendenziell opportunistisch. Der Gebrauch von Ideologismen zur Verbesserung der persönlichen Lage war beinah ein allgemeines Prinzip. Vorauseilender Gehorsam machte sich in allen Stadtteilen und Gesellschaftsschichten breit. Doch dieses Erstarren in gesellschaftlichen Zwängen und Konventionen provozierte vor allem bei den jüngeren Bevölkerungsschichten geradezu die umgekehrte Mentalität. Vor allem in feuchtfröhlicher Runde kam es oft zu eruptiven Ausbrüchen aus den vorgegebenen Verhaltensmustern. Ein Anlass war jedes Jahr aufs Neue der 1. Mai. Der Tag der Arbeit war in der DDR ein arbeitsfreier Tag, der ganz im Zeichen großer Kundgebungen und Aufmärsche stand. Natürlich waren nur die Wenigsten von der Vorstellung begeistert, an einem freien Tag Transparente durch die Straßen zu schleppen. Die Funktionäre der Leitungsebene wussten von dem Unwillen vieler Werktätigen gegenüber dieser Pflichtübung. Die Mai-Aufmärsche sollten das Symbol für die Geschlossenheit sein, mit der das Volk hinter der Ideologie seiner Regierung stand. Um diese Geschlossenheit zumindest nach außen zu garantieren, bekamen diejenigen, die zu den Demonstrationen erschienen, einen Gutschein, der an diesem Tag für Essen und Trinken ausgegeben werden konnte. Bei einem durchschnittlichen Preis von 40 Pfennigen für ein Glas Bier konnte man für 25 Mark Prämie eine beachtliche Menge Alkohol konsumieren. Aufgrund dessen war es fast schon ein Ritual, dass es am Abend dieses Tages zu kleineren Schlägereien und Randalen kam, denen dann oft die Transparente und Fahnen zum Opfer fielen. Darüber wurde im allgemeinen Stillschweigen bewahrt.

Auch Hilbig war an diesen Tagen oft mit Freunden unterwegs. Am Abend des ersten Mai 1978 traf man sich im Tanzsaal des Stadthauses, ironisch Kristallpalast genannt. Plötzlich hieß es, vom Fahnenmast vor dem Rathaus sei eine Staatsflagge herabgeholt und verbrannt worden. Der Zeuge, der Hilbig und seinen Freund Jürgen Schreiber bei der Polizei meldete, war selber so stark alkoholisiert, dass er keine genauen Beschreibungen von der Kleidung der beiden Männer machen konnte. Er gab lediglich an, dass es ein »Langhaariger« gewesen sei, was zu dieser Zeit auf Hilbig zutraf, doch ebenso auf einige Hundert andere aus dem Ort und den umliegenden Dörfern. Ob die beiden Männer die Fahne wirklich verbrannt haben oder nicht spielte in diesem Moment keine Rolle. Ihre Verhaftung war ein Exempel. Die Verbindung, die zwischen der Unangepasstheit Hilbigs und der verbrannten Fahne hergestellt wurde, hatte eine klare Aussage: Nicht die unbescholtenen Arbeiter und Angestellten waren für die Ausschreitungen am ersten Mai verantwortlich, sondern die »Langhaarigen«, die aus dem vorgefertigten Gesellschaftsschema herausfielen.

Hilbig wurde am 9. Mai 1978 verhaftet. Zur Erstvernehmung brachte man ihn nach Altenburg, später nach Leipzig in die Haftanstalt Alfred-Kästner-Straße. Zu Verhören wurde er zur Staatsanwaltschaft in der Beethovenstraße gebracht. Das Gericht schätzte die Glaubwürdigkeit des Zeugen durch dessen alkoholisierten Zustand dann doch zu gering ein. Die Anklage wurde fallen gelassen und Hilbig kam nach knapp zwei Monaten, am 27. Juni 1978, wieder frei. Während der gesamten Zeit wusste Hilbig nicht, was mit ihm geschehen würde, wie lange er noch im Gefängnis bleiben musste. Das Gefühl, völlig ausgeliefert zu sein, war so erdrückend, dass es ihn sprachlos machte, wie er nach dieser im Gespräch mit Freunden erzählte. In der Haft versuchte die Staatssicherheit vergeblich, ihn als Zuträger aus der Kulturszene zu gewinnen. Dieses Vorführen seiner Person, dem eine Denunziation aus den Reihen der Bürger seiner Heimatstadt vorausgegangen war, muss wie ein Verrat auf ihn gewirkt haben. Ende des Jahres 1978 kehrte er der Stadt endgültig den Rücken und zog nach Berlin. Später kam er noch oft zu Besuch nach Meuselwitz, längere Zeit blieb er nie. Der Gefängnisaufenthalt war ein einschneidendes Erlebnis, die düster-klaustrophobischen Knastszenen in den Erzählungen »Johannis« (1978/79) und »Die Einfriedung« sprechen für sich.

In »Eine Übertragung« bilden die Erlebnisse um seine Verhaftung den Rahmen der Handlung. Der Ich-Erzähler, ein schreibender Heizer, wird beschuldigt, am Ende der ersten Maiwoche in einen Lagerschuppen eingebrochen zu sein, in dem sein Betrieb Fahnen und Transparente für die verordneten Mai-Demonstrationen aufbewahrt. Mehrere Fahnen soll er mitgenommen und verbrannt haben. Er selbst kann sich an die Geschehnisse dieser Nacht nicht mehr klar erinnern. Er war übermüdet und angetrunken und so löst sich die Realität in verschiedene Möglichkeiten auf. Während der Untersuchungshaft in der Stadt L. lässt ihm sein Zellengenosse einen merkwürdigen Kassiber zukommen: *Nimm nach Entl. Meine Wohnung F. Str. / Meine Verlobte Kora L. soll ermordet w. / Von Zacharias Zwie / Tatzeit 7. Mai 7 Uhr i. Leerhaus G. Str. / Das musst du verhindern!!! / Kassiber weg da belastend / Nicht reden sie hören alles / Bruder Z.*

Bald darauf wird der Ich-Erzähler entlassen, für ihn genauso unerwartet wie seine Verhaftung. Beides kann er nicht logisch nachvollziehen.

Alles, was geschieht, scheint an höheren Mächten zu hängen, die mehr über ihn wissen als er selbst. Kaum entlassen, fährt er nach Berlin in die F. Straße. Ein Jahr vergeht, in dem ihn all seine Gewissheiten verlassen haben. Er ist sich nicht mehr sicher, auf welches Jahr sich der 7. Mai des Kassibers bezieht. War es das schon vergangene? Ist Kora L. vielleicht schon tot? Die Wege und Straßen der Umgebung kommen ihm bekannt vor, was er sich nicht erklären kann, denn er ist das erste Mal in Berlin. Er zweifelt an seiner eigenen Identität: Was, wenn er selbst dieser Zacharias Zwie ist? Was, wenn er selbst Kora L. ermorden wird oder schon ermordet hat? Am Ende der ersten Maiwoche des darauf folgenden Jahres wird er wieder verhaftet und verhört. Erneut kommt er unter mysteriösen Umständen frei und fährt zurück in seine Heimatstadt M. Rückblickend erkennt er: *Dieser letzte 7. Mai, ein Sonntag, war mir zu einem unheimlichen Wendepunkt geworden.*

In dem Maße, wie Hilbig im Laufe der Jahre literarische Ehrungen bekam, wurde er auch wieder Thema in seiner Heimatstadt. Bis auf wenige Enthusiasten, die schon immer auf ihn und sein Werk aufmerksam gemacht hatten, fiel es den meisten Meuselwitzern bislang sehr schwer, den Dichter Wolfgang Hilbig in das kulturelle Selbstbild der Stadt zu integrieren. Das, was in seinen Texten über die kleine Stadt M. gesagt wurde, war zu ungefällig. Weder wurde eine glorreiche Vergangenheit besungen, noch eine glänzende Zukunft prophezeit. Dennoch konnte die Leiterin der Meuselwitzer Stadtbibliothek nach der Wende zweimal eine Lesung mit ihm in Meuselwitz arrangieren. Nach der Verleihung des Büchner-Preises fiel die fehlende Präsenz von Hilbig in Meuselwitz schmerzhaft auf. Schnell wurde eine Ehrenmedaille für ihn erfunden, die ihm öffentlich überreicht werden sollte. Aber diesmal weigerte sich Hilbig – er reagierte auf diese Einladung einfach nicht. Die Ehrenmedaille überreichte die Stadt nach seinem Tode dessen Tochter. Nachdem sein Geburtshaus 2005 abgerissen wurde, sucht die Stadtverwaltung im Moment nach einer anderen Möglichkeit, an Hilbig dauerhaft zu erinnern.

2 Trümmer, Asche, Kadaver – Das Vergängliche

»*der dörfer dasein war in mir verworren und gespalten*«
Wolfgang Hilbig: »erinnerung an jene dörfer«

Finis terrae – das Ende der Welt – kam als unausweichliches Schicksal auf zahlreiche Ortschaften im mitteldeutschen Braunkohlerevier zu. Wo einst Häuser standen und Äcker bestellt wurden, fraßen sich nun riesige Bagger unermüdlich ins Erdreich. Kohle, das braune Gold, bildete die größte Energiequelle der DDR. Die Fördermengen waren zwischenzeitlich die höchsten der Welt, die Dichte der offenen Tagebaue auf relativ kleiner Fläche extrem hoch. Für die Förderung und Verarbeitung der Braunkohle brauchte man Arbeitskräfte. Auch die Folgeindustrien, die sich rasch angesiedelt hatten, suchten Personal. Es sollten aber Menschen sein, die möglichst in der Nähe wohnten und schnell verfügbar waren. Die Bevölkerung der weggebaggerten Orte wurde nicht in entlegene Landesteile umgesiedelt, sondern in das nächste Dorf oder die nächste Stadt, deren Abbaggerung, wenige Jahre später, schon beschlossen war. In der Bevölkerung machte sich eine spezifische Mentalität breit, die Hilbig in »Der trügerische Grund« (1987) beschreibt: *Ein merkwürdig unsentimentales Denken ist in den Köpfen der Leute, die auf Abbruchlandschaften leben, Nostalgie ist schwach ausgeprägt und wenn, dann bleibt sie am Praktischen orientiert. Es ist, als verlören die festen Häuser ihre Festigkeit, oder sie hatten sie seit je nur in gewissen Relationen, sie werden auswechselbar, wie die Namen der Dörfer und Städte auswechselbar und vorübergehend werden.*

Landschaft, zumal Kulturlandschaft, verändert sich immer. Doch dass die Biografie einer Landschaft schneller verläuft, als die der in ihr lebenden Menschen, ist neu und ungewohnt. Das zeitliche Ungleichgewicht hinterlässt in der Psyche tiefe Spuren. Orte können Erinnerungen, die im Augenblick nicht verarbeitet werden können, über Phasen kollektiven Vergessens hinweg bewahren. Werden diese Orte zerstört, bevor die Erinnerungen aufgeholt worden sind, verschwinden auch die daran geknüpften Assoziationen unwiderruflich. Das Gefühl für die eigene Identität wird unsicher:

Man weiß, dass es da Erinnerungen an eine Vergangenheit gibt, kann sie aber nicht mehr im topografischen Gedächtnis aufrufen. Wie im Traum stolpern Hilbigs Protagonisten durch die Tagebaulandschaft. Oft wissen sie nicht mehr, woher sie kamen, haben nur eine undeutliche Ahnung davon, wohin sie wollen, können auf die Frage, wer sie seien, keine klare Antwort geben. Durch das Fehlen fester landschaftlicher Strukturen wird die Orientierung im Raum vage. Unsortiert und ohne klaren Bezug zu den Geschehnissen in der Vergangenheit liegen die weggebaggerten Erinnerungen auf den Halden rund um die Stadt.

Mit der Braunkohle kam die erdgeschichtliche Vergangenheit ans Licht. Die Kohle hat ihre eigene Geschichte, die sie in sich trägt und die vom Beginn des Lebens auf der Erde erzählt. Der Anfang der Kohle lag im tertiären Meer. Über Jahrmillionen wurde sie zu etwas, von dem sich Flammen lange nähren können. Das Zusammentreffen von Wasser und Feuer erinnert an mythische Urgewalten, an die Ambivalenz des menschlichen Daseins überhaupt: *furchtbare unglücke / katastrophen im tertiär preßten / das meer in die kohle in sachsen wüst und gottgewollt / trat erde über die ufer zerdrückte das meer / und seine lagunen mit mammutbäumen das meer / kocht und dampft in der kohle in sachsen*, heißt es in Hilbigs Gedicht »das meer in sachsen« (1977). Die griechische Mythologie assoziiert Wasser und Erde mit dem Weiblichen, dagegen gelten Feuer und Luft als männliche Prinzipien. Am Anfang der mythischen Schöpfungsgeschichte existierten die einzelnen Materie-Qualitäten noch ungeschieden ineinander. Um zu entstehen, braucht das Leben aber einen Raum. Und so teilte sich die Materie in ihre vier Eigenschaften, es wurde zuerst der primäre Gegensatz von unten und oben geschaffen. Weil die Erde und das Wasser »schwere« Elemente sind, wurden sie dem Unten zugeordnet. Die Luft bildete die obere Grenze zum Kosmos. Auch das Feuer ist ein »leichtes« Element und dennoch ein Grenzgänger zwischen oben und unten. Es ist sowohl im Blitz am Himmel, als auch in den Vulkanschloten der Erde und in domestizierter Form im heimischen Herd zu finden. Zwischen oben und unten entwickelte sich das Leben.

Die Begegnung von Wasser und Feuer erinnert an ihre ursprüngliche Ungeschiedenheit, sie markiert einen Anfang oder eine Zäsur, wie sie der kindliche Protagonist in der Erzählung »Ort der Gewitter« (2003) erlebt: Ein Junge – der größte von den Kleinen, aber noch zu klein für die Großen – erzählt von einem Sommer, der für ihn zum Wendepunkt wurde. Die Mutter möchte, dass er schwimmen lernt und gibt ihm regelmäßig Geld für das Schwimmbad. Ihn zieht es jedoch an die mit Wasser vollgelaufenen Restlöcher ehemaliger Tagebaue, die von den Bewohnern der Stadt auch als Abladeplätze für die Asche aus der Hausfeuerung benutzt werden. Dort beobachtet er eines Tages das Zusammentreffen der Naturgewalten: *Der Grund des Tagebaus und eine trockene ebene Fläche auf der anderen Seite, jenseits davon, was man stark übertrieben als seinen »Strand« bezeichnete, bestand noch aus einer Schicht von torfähnlicher Braunkohle, deren Abbau sich nicht gelohnt hatte. Diese Schicht war schon bald von der glimmenden Asche in Brand gesetzt worden; in ganzer Breite wurde der Restflöz von der Glut aufgefressen und langsam verascht. (...) Das Feuer war durch nichts zu löschen, unaufhaltsam kroch es auf das Wasser zu: ich stellte mir vor, wie sich eines nicht mehr fernen Tages auch das flache Wasser des Tagebaus in eine explosionsartige, schmutzig weiße Dampfwolke verwandeln würde (...) Und wenn sich Gewitterregen in die Senke stürzten, war die umliegende Gegend augenblicklich von den sich hoch auftürmenden Fontänen des Wasserdampfes erfüllt.* Am Ende des Sommers hat der Junge hier schwimmen gelernt. Das, was er an diesem Ort gesehen und erlebt hat, setzt in ihm den Strom der Geschichten frei: Zeile um Zeile füllt er mit ihnen die fünf Schulhefte, die seine Mutter ihm für das neue Schuljahr gekauft hat.

Die kleinen Verwandten des großen ursprünglichen Meeres sind in Hilbigs Texten allgegenwärtig: vollgelaufene Tagebaurestlöcher, *dessen Wasser dunkelbraun war[en] wie Kohle*, durch vergessene Bergwerksstollen eingestürzte Krater, die sich langsam mit Wasser füllen und heimtückische Strudel in sich bergen, stinkende Flüsse und tote Kanalarme. Das weibliche Element des Wassers birgt Gefahr in sich. Und doch suchen Hilbigs Protagonisten immer wieder seine Nähe. Ist es die Lust am Untergang? Das Wasser verbindet die Zeiten: Es reicht an die Anfänge der Menschheit zurück und schickte einst das Leben aus seinen Tiefen an Land. In einer möglichen Zukunft kann es dieses Leben aber auch wieder zurückfordern. In ›das meer in sachsen‹ heißt es prophetisch: *ich weiß das meer kommt wieder nach sachsen / es verschlingt die arche / stürzt den ararat.* Das Meer, das in der Braunkohle schläft, kehrt assoziativ in die Industrielandschaft zurück. Waller aus »Die Kunde von den Bäumen« steht versunken am Rand eines Tagebaus, als ihn ein bestimmtes Bild heimsucht: *Und ich hatte das Gefühl, daß diese Ränder sich so ausgebreitet hatten, daß sie längst ein gewaltiges Übergewicht darstellten, daß die Asche längst einen unaufhebbaren Überhang hatte vor den Ansiedlungen des Lebens, ach, daß inmitten ihrer Unermesslichkeit die Städte und Dörfer nurmehr wie Nußschalen auf einem Meer waren.*

Die exzessive Ausbeutung der Kohlevorkommen zog eine immense Umweltverschmutzung nach sich. Im mitteldeutschen Revier förderte man durchschnittlich pro Jahr rund 300 Millionen Tonnen Rohbraunkohle. Anschließend wurde diese entweder sofort in den Kraftwerken verstromt oder in Brikettfabriken veredelt. Beinah ununterbrochen quollen schwefelgelbe Rauschschwaden aus den Schornsteinen der Fabriken oder Privathaushalte und hüllten die Landschaft in einen stinkenden Nebel. Eine staubfeine Ascheschicht legte sich über Dächer, Wiesen und Wälder. Hing man frisch gewaschene Wäsche bei ungünstigen Windverhältnissen nach draußen, hatte diese sofort einen Grauschleier. Lange vor Herbstbeginn entlaubten sich die Bäume. Die Schadstoffemissionen machten aus der durch den Tagebau ohnehin verödeten Landschaft nun gänzlich ein Gespensterreich. Wurde ein Spaziergänger draußen von den heranziehenden Aschewolken überrascht, war er isoliert wie ein Wanderer im Nebelmeer, ein düster-romantisches Bild. Hilbig faszinierten die Schattenseiten der Romantik. Die Gesamtausgabe von E. T. A. Hoffmanns Werken hatte er sich bereits von seinem ersten Lehrlingsgehalt gekauft. Hilbig klammerte, ähnlich wie Novalis, das Gewöhnliche nicht aus dem künstlerischen Schaffensprozess aus. Die Art und Weise, wie Novalis das Alltägliche in den poetischen Text einbindet, nennt er ›Romantisierung‹: *Romantisiren ist nichts, als eine qualit[ative] Potenzirung. Das niedre Selbst wird mit einem bessern Selbst in dieser Operation identificirt. [...] Indem ich dem Gemeinen einen hohen Sinn, dem Gewöhnlichen ein geheimnißvolles Ansehn, dem Bekannten die Würde des Unbekannten, dem Endlichen einen unendlichen Schein gebe so romantisire ich es.*

Das Signalwort für Hilbigs Romantisierung ist »Asche«. »Die Asche« nannte man in Meuselwitz ein ehemaliges Schachtloch nahe der Rudolf-Breitscheid-Straße. Nach dem Krieg konnte man hier noch baden, später wurde es zugeschüttet und planiert. »Die Asche« ist in der Erzählung »Ort der Gewitter« konkretes Sujet: Der kindliche Protagonist beobachtet auf dem Bordstein sitzend wie die von schweren Brauereipferden gezogenen Wagen mit der noch glimmenden Asche vorüberziehen. Am Ende der Straße entladen sie ihre Fracht in einem ausgekohlten Tagebau. Eines Tages passiert ein Unglück: Der brüchige Hang des breit klaffenden Loches gibt nach und die Pferde stürzen mitsamt den Wagen in die Tiefe, um dort bei lebendigem Leibe in der glühenden Asche zu verbrennen. *Das Gekreisch der Tiere* war bis weit in die Stadt hinein zu hören. Der Großvater des Jungen, *der Pferde mehr liebte als Menschen, so hieß es, sei aus dem nahen Schrebergarten zur Aschehalde gerannt, mit der Flinte in der Faust, doch bevor er* den Unglücksort erreichte, wären die Pferde schon verstummt und vom Schlag getroffen gewesen.

Auch Kaszimier Starlek war ein großer Pferdeliebhaber und bei einem ähnlichen Vorfall hatte er die im Todeskampf brüllenden Tiere mit einem Schuss erlöst. In Hilbigs Texten ist Asche Synonym für Unbeweglichkeit. Langsam, aber stetig kriecht sie auf seine Protagonisten zu, lässt sie erstarren und führt dann in ihren Körpern und Gedanken ein beängstigendes Eigenleben. In »Die Kunde von den Bäumen« fühlt Waller *zwanzig Jahre lang den Atem der Asche an der Stirnhaut*. Die Asche scheint mit ihrer Beharrlichkeit Erfolg zu haben: *Und die Asche, dachte ich, übersät mir auch alle meine Gedanken … die Asche ist es, die all meine Papiere beschrieben hat.*

Die Asche ist in Hilbigs Texten Tummelplatz unheimlicher Wesen. Vermutlich ist sie es sogar selbst, die diese Wesen entstehen lässt oder anzieht. In der Erzählung »Der Brief« (1981) erinnert sich der Protagonist an die Geschichte von den Sprungfedermännern, die ihn in seiner Kindheit in Angst und Schrecken versetzten. Seine Mutter war Lebensmittelverkäuferin in einem drei oder vier Kilometer entfernten Dorf. Der Weg dorthin führte über eine *äußerst schmale, seitwärts abschüssige Landstraße (…) zur Linken ein verworrener schwarzer Wald, indem es rumorte und knallte, in dem die übenden Panzer fern, oder schon näher, aufbrüllten, und rechterseits flog dunstige Atmosphäre endlos nach unten fort in gähnende Tagebauschluchten, die in der Weite nicht zu überblicken waren und aus deren unermeßbaren und abgestuften Tiefen der Glutschein durch den Rauch und die Dämpfe heraufflackerte und das einzige Licht blieb.* Weil im Winter zur Zeit ihres Dienstendes schon tiefste Dunkelheit herrschte und sie nur mit einem alten lichtlosen Herrenfahrrad unterwegs war, bat die Mutter ihren Sohn, sie von ihrer Arbeitsstelle abzuholen. Auf dem Weg durch die schaurige Szenerie kamen dem Jungen die Geschichten von den Sprungfedermännern in den Sinn. Mit jedem Meter, den die beiden zurücklegten, wurden die unheimlichen Wesen wirklicher. Ihre Existenz war kein Gruselmärchen mehr, sondern Realität: *Und diese Straße, die wir an jedem Abend gingen, war, vor ihrer letzten Biegung (…) da sie hier für einige hundert Meter zur Gänze durch das Innere dieses stockdunklen, über uns zusammengewachsenen Waldes führte, wie eigens für die Überfälle dieser Spukgestalten erschaffener Ort, an dem sie ihrer Sache vollkommen sicher sein konnten. Ich selbst wollte das Glimmen ihrer Feuerstellen im Unterholz gesehen haben.*

Hilbigs Mutter war die Leiterin eines Konsums in Wintersdorf, ein kleiner Ort vor den Toren von Meuselwitz. Ihr Arbeitsweg dorthin führte

I MEUSELWITZ UND LEIPZIG, 1941–1985

sie entlang des Auholzes (ein Waldstück mit besonders dichtem Baumbestand), in dem nach den Erzählungen der Leute die Sprungfedermänner ihr Unwesen trieben. Es hieß, dass es männliche Wesen seien, die es bei ihrem nächtlichen Treiben besonders auf junge Frauen abgesehen hätten. Die ganze Gestalt des Sprungfedermannes wurde von einem dunklen Umhang verhüllt, aus dem nur ein paar leuchtend grüne Augen hervorstachen. Ließ ein Windstoß den Stoff aufflattern, zeigte sich dem schockierten Betrachter ein phosphoreszierendes Skelett. Das Charakteristischste an diesen Wesen waren aber die weit ausholenden federnden Sprünge, mit denen sie sich fortbewegten und lautlos wie aus dem Nichts auftauchen konnten.

Der Mythos um die Sprungfedermänner ließ die ansässige Bevölkerung im Grauen zusammenrücken. Über ihre Herkunft gab es keine genauen Angaben. Waren es Menschen, denen ein furchtbarer Fluch anhaftete? Oder Verbannte, die sich in dem undurchdringlichen Gestrüpp des Auholzes in das Böse verwandelten, für das sie beschuldigt wurden? In »Der Brief« sind die Sprungfedermänner eine dunkle, nicht zu ergründende Macht. Überreste versprengter SS-Brigaden sollen es sein, die in den alten, halb zertrümmerten Luftschutzbunkern und in der Wärme der aufgegebenen Kohleschächte hausen. Wenn es Nacht wird, gehen sie auf Jagd. Mit ihren flatternden Umhängen und der federnden Art sich fortzubewegen, gleichen sie einem Schwarm Vögel auf der Suche nach Nahrung. *Es war die Zeit des spurlosen Verschwindens von Menschen*, resümiert der Protagonist seine Erinnerungen an diese Jahre. Ob in der Erzählung wirklich die Sprungfedermänner dafür verantwortlich waren, bleibt ungewiss, soll vielleicht auch ungewiss bleiben. Das Nachdenken darüber, ob es für das Verschwinden noch andere Gründe gab, ist zu gefährlich. Waren die Verschwundenen vielleicht unbequeme Gegner des Regimes und das Regime selbst für deren Verschwinden verantwortlich? Wiederholte sich hier die Geschichte?

Die Mentalität der SS-Brigaden setzte sich in der sozialen Umgebung des Ich-Erzählers fort. Sie war dafür verantwortlich, dass in den vollgelaufenen Tagebaulöchern immer wieder Leichen angespült wurden: *In den mannshohen, unterirdischen Kanalisationsstrecken der zerbombten Fabriken, in den Braunkohlenstollen und den sumpfigen Flüssigkeiten, die unbeweglich an den Abraumkippen standen, inmitten ihres Schaums und Unrats, inmitten der blanken Lachen, die im weißen Schein der Funzeln schimmerten, konnte plötzlich eins dieser leichenblassen Gesichter zu sehen sein.* In den Tagebau-Seen passierte es leicht, dass man beim Baden das Gefühl hatte, langes schwarzes Haar würde die Beine entlang gleiten. In einem unbedachten Moment konnte sich dieses Haar schlingpflanzengleich um die Beine des Badenden winden, ihn zu sich hinab in die Tiefe ziehen. Es waren die Opfer der Sprungfedermänner, die nach ihrem gewaltsamen Tod wieder erwachten und selbst zu Tätern wurden.

Die Art und Weise, wie sich die Sprungfedermänner im »Brief« ihren Opfern näherten und diese ermordeten (*Du siehst den gräßlich angemalten Totenschädel, dein Herz steht längst still, doch sie hüpfen näher, federleicht, um dich tödlich zu umarmen, sie schlagen ihren Mantel um dich, ziehen dich an ihre nun sehr muskulöse Brust, dabei stoßen sie dir, mit den Händen, die deinen Rücken fassen, zwei Dolchklingen unter die Schulterblätter, zwei dünne scharfe Messer, die sie immer an die Handgelenke geschmiedet tragen*) kehrt in einem anderen Text Hilbigs wieder. Der Protagonist der Erzählung »Der dunkle Mann« (2003) tötet einen ehemaligen Stasi-Mann: *Und ich umarmte ihn nun ebenfalls. Ich zog ihn an meine Brust und griff nach dem Messer, dass in meinem Rücken unter der Jacke im Gürtel steckte. Mit beiden Fäusten trieb ich ihm die Klinge unter das linke Schulterblatt. Es war ein langes schmales Brotmesser, das beinahe widerstandslos durch den Jogginganzug in seinen Körper eindrang.* Der Ich-Erzähler ist in die Stadt seiner Kindheit zurückgekehrt und erfährt von dem gewesenen IM, dass er von ihm über Jahre hinweg bespitzelt worden war. Nachdem er ihn getötet hatte, versteckt er den Leichnam im verfallenen Gebäude einer alten Großbäckerei. Die Beschreibung des Industriebaus, *im Hofinneren mit Gründerzeitfassaden aus dunkelroten Ziegeln, mit steinernen Treppen davor und geländerbewehrten Rampen, wo die Versorgungsfahrzeuge standen und das Brot aufluden,* erinnert an eine Konsumbäckerei, die es in Meuselwitz tatsächlich lange gegeben hatte.

Die Wahrnehmung des Unheimlichen ist das nach außen getragene Heimliche in uns selbst. Ein Vorgang, den Freud in dieser Form das erste Mal 1919 in dem Aufsatz »Das Unheimliche« beschrieb. Er aktualisiert sich im Umgang mit den Sprungfedermännern. Das Grauen ruht in jeder menschlichen Seele und jeder menschlichen Gemeinschaft. Die Sprungfedermänner sind das sichtbar gewordene Unheimliche. Dazu gehören auch Erinnerungen, die man sich nicht eingestehen will, die nicht zu der Rekonstruktion von Vergangenheit passen, aus der heraus Menschen ihre Identität schöpfen. Meuselwitz wurde im Zweiten Weltkrieg schwer zerstört. Am 30. November 1944 und am 20. Februar 1945 bombardierten die Alliierten die Stadt, 85% der Bausubstanz fielen diesen Angriffen zum Opfer. Rechnet man das Ausmaß der Zerstörung auf die Bevölkerungszahl um, hatte Meuselwitz mehr Kriegsschäden zu tragen als Dresden. Der eigentliche Anlass der Bombardierungen war mit einem anderen Grauen verbunden, das die kollektive Seele der Stadt schwer belastete. Am Stadtrand befand sich ein Betriebsteil der Hugo Schneider AG (HASAG) – eines großen deutschen Rüstungskonzerns. In den Hallen der HASAG arbeiteten fast ausschließlich Gefangene aus dem KZ Buchenwald, die in einem eigenen Außenlager in der Nähe der Werkshallen untergebracht waren. Schutzlos waren die Insassen des Lagers den Bombenangriffen ausgesetzt, viele starben einen qualvollen Tod.

Meuselwitz verlor durch die Bombardierungen seine gesamte Altstadt. Die zerstörten Häuser der Innenstadt wurden größtenteils nicht wieder aufgebaut. Ihrer baulichen Vergangenheit beraubt, bekam die Stadt ein völlig neues Gesicht. Die Vergangenheit hatte sich in Müll verwandelt. Mit dem Trümmerschutt der Stadt wurden die Tagebaue der Umgebung verfüllt. Aber auch als das Geschehene aus dem Feld des Sichtbaren verschwunden war, existierte es weiter. Waller aus »Die Kunde von den Bäumen« ist sich dessen bewusst: Am Rand einer solchen Müllkippe stehend, betrachtet er die *tausend und abertausend Tonnen Vergangenheit* und weiß: *Darin ist etwas, das noch nicht gelernt hat zu schweigen.*

Die Bombardierungen und deren Folgen haben in der Bevölkerung tiefe Wunden und Traumata hinterlassen, welche an die nachfolgenden Generationen weitergegeben wurden. Bestimmte Verhaltensweisen im Umgang mit der Vergangenheit schliffen sich ein, wurden zu einem Schema: 1945, 1961, 1989 waren zeitliche Zäsuren, an denen *alle die Visagen, die für eine Weile Gott sein durften* auf die Müllkippe wanderten. *Allein die Müllarbeiter,* sagte sich Waller, *haben nichts vergessen! Sie konnten nichts vergessen, denn ihre Arbeit war der dauernde Umgang mit dem Material der Vergangenheit.* Deswegen leben die Müllarbeiter in »Die Kunde von den Bäumen« auch weit außerhalb der Gesellschaft. Sie sind die Outcasts, weil sie etwas wissen, was niemand wissen soll. Die Müllarbeiter sind Gestalt gewordene Vergangenheit: Sie hausen mitten auf einer Müllkippe, die sich immer weiter und tiefer in die Landschaft frisst. Ihre Behausung haben sie aus den noch verwertbaren Resten des Müllbergs gebaut. Sie selbst sind von Kopf bis Fuß in Lumpen eingehüllt, die sie im Müll gefunden haben. Wie in fast allen Texten so auch hier, mündet das von Hilbig Erzählte ins Universelle. Das reale Kolorit von Meuselwitz ist zwar deutlich zu erkennen, es geht aber nicht um die Kleinstadt in der thüringischen Provinz, sondern um eine stagnierende Zivilisation, die ihre eigene Geschichte zensiert.

Häufig wird jedoch in Hilbigs Texten das soeben gedankenschwer Gesagte ironisch gebrochen. Eine Eigenart, die das Feuilleton oft übersehen hat. Auf seinen Streifzügen über die Aschehalden denkt Waller an seine Freunde, die *über die Westgrenze in den anderen Landesteil verschwunden* sind. Dabei überkommt ihn ein dringendes menschliches Bedürfnis: *Ausschau haltend in die Finsternis vor mir, den Stumpf eines Kirschbaums im Rücken, pißte ich sorgfältig einen Halbkreis in die Asche zu meinen Füßen. Wenn ich diese Linie überschritt und mich im Weitergehen umwandte, glaubte ich, Nebeldünste aus der Stelle steigen zu sehen, die ich mit meinem Wasser umzirkt hatte, und diese nahmen beinahe menschliche Gestalt an.*

In der »Alten Abdeckerei« (1991) meldet sich ebenfalls die entsorgte Vergangenheit zurück: Der Ich-Erzähler durchwandert im Wendeherbst von 1989 ruhelos das Brachland an der Peripherie seines Heimatstädtchens. Einer neuer politischer Umsturz steht kurz bevor, bald werden auf dem Müllberg der Geschichte neue »Visagen« landen. Für einen Moment scheinen sich räumliche und zeitliche Grenzen zu öffnen. Am Rand der Stadt verläuft eine Kohlebahnlinie. Ein Bannkreis, der die Stadt von einer Art »no go area« trennt. Jenseits dieser Schienenstrecke beginnt ein wüstes Gelände: verfallene Industrieruinen, verlassene Dörfer, die schon Jahrzehnte auf ihre Abbaggerung warten. In der Vorstellung des Ich-Erzählers wurden diese Orte zur Heimstatt der *Verschwundenen*, an deren Existenz sich die Leute mit dem Zeitpunkt ihres Verschwindens nicht mehr erinnern konnten. Aber *die Verschwundenen existierten dort weiter, wo der Ort des Verschwindens war ... wenn ich einst selbst verschwand, so würde dies zweifellos der Fall sein, sagte ich mir; wenn ich mich in meiner Vorstellung verschwinden sah, existierte ich ungebrochen weiter, nur in einem anderen Territorium, innerhalb eines anderen Zustands, innerhalb einer unbekannten Realität.*

Der Protagonist der Geschichte stellt fest, dass ihm die Namen der Verschwundenen und die Verschwundenen selbst immer präsenter werden, je mehr er sich der Kohlebahnlinie nähert: *und der Gedanke ließ mich nicht los, daß das Territorium ihres Verschwindens hinter der Kohlebahnlinie begann.* Täglich durchwandert er fortan dieses Gebiet und kommt dabei den Verschwundenen sukzessive näher. Der Boden, auf dem er dort steht, ist kein fester Untergrund: *Einmal versank mein Fuß in einer breiigen Brühe, als ich ausweichen wollte, waren noch mehr solche Lachen, die zu gerinnen schienen.* Plötzlich wird ihm klar: *Fleisch tickte unter mir.*

Im Zentrum des Brachgeländes steht die alte Abdeckerei. In einem noch einigermaßen intakten Gebäude werden die Kadaver toter und kranker Tiere zu Seife zerkocht. Hilbigs Fiktion der alten Abdeckerei hat einen realen Ursprung in Meuselwitz. Eine Tierkörperverwertungsanlage existierte bis nach der Wende als Firma Ponikau am Rande des Ortsteils Texas. Wehte der Wind aus Südwest, hüllte die Abdeckerei Meuselwitz in üblen Gestank, den man nur bei geschlossenen Fenstern ertragen konnte. Hilbig beschrieb diese beklemmende Situation in seiner Erzählung »Der Durst« (1972). Der Protagonist der Geschichte versucht den Gestank in seiner Nase und das Wissen um dessen Herkunft mit Unmengen von Bier zu betäuben. Einem Fremden auf der Durchreise, der die Kneipe betritt, ruft er, um ihn zur Umkehr zu bewegen, beschwörende Verse zu: *Es ist bekannt, es ist bekannt / früher und heut im Feuerland / wie Fell und Knochen verbrannt. / Für Geld sei schlau / verkauf den Hund und verkauf die Sau / verkauf die Ziege an Ponikau / das Geld löscht den höllischen Brand.*

Die alte Abdeckerei in Hilbigs gleichnamiger Erzählung trägt den Namen eines in der Nähe liegenden stillgelegten Kohlenschachtes – Germania II. Ein aussagekräftiges Bild: Das, was in die Tiefe der Erde führt, in die absolute Finsternis, trägt den Namen, den Hitler seiner Welthauptstadt geben wollte. In der alten Abdeckerei mischen sich die Zeiten, zeigt sich die unheilvolle Kontinuität der deutschen Geschichte. Die Belegschaft besteht aus einem gemischten Haufen lichtscheuer Gestalten: *Niemand fragte nach Voraussetzungen, freilich hieß es, daß Kriminelle dort versteckt seien, alte SS-Männer gar und sonstiger Abschaum (...) hierher verschlug es auch die unbedeutenden Mitarbeiter und Halbmitarbeiter des Sicherheitsdienstes, die abgestumpft waren und zu kleine Lichter, um den großen Säuberungen zum Opfer zu fallen.* Die ausgebrannten Stasi-Mitarbeiter scheinen für die Arbeit in der alten Abdeckerei sogar besonders prädestiniert zu sein. Wenn diejenige Eigenschaft, die sie für ihren Beruf dringend brauchen – die Fähigkeit des *Schnüffelns* – erloschen war, wenn sie also keinen Geruchssinn mehr hatten, konnten sie schadlos in den ekelerregenden Suden der Abdeckerei hantieren. Mit ihrer Arbeit setzen die Männer von Germania II symbolisch das furchtbare Geschehen des Holocausts fort. In Heiner Müllers Gedicht »Seife in Bayreuth« heißt es: *Als Kind hörte ich die Erwachsenen sagen: / In den Konzentrationslagern wird aus Juden / Seife gemacht. Seitdem kann ich mich mit Seife / nicht mehr anfreunden und verabscheue Seifengeruch.*

Ein Zusammenhang, den Hilbig in seinem Text andeutet, aber nie konkret anspricht. Der Leser wird im Zustand des Ahnens zurückgelassen. Das Geheimnis der alten Abdeckerei befindet sich im Nebel, der sich nur für einen Moment lichtet und dann einen kurzen Blick auf die Wahrheiten freigibt. Gerade dieser Zustand des Ungewissen steigert das vermutete Grauen zu furchtbarer Intensität: Wenn alles möglich scheint, kann auch die schlimmstmögliche Variante zutreffen. Nach seinem Berufswunsch befragt, antwortet der jugendliche Ich-Erzähler der Geschichte aus Trotz, er wolle in der alten Abdeckerei arbeiten. Um zu demonstrieren, wie ernst ihm diese Absicht ist, versucht er herauszufinden, aus welchen Inhaltsstoffen Seife besteht. Kein Mensch weiß darauf eine Antwort, kein Lexikon hält sich mit dem Stichwort »Seife« auf. Warum? Weil *Seife (...) so außerordentlich banal in ihrer Existenz* [war], *daß alle Fachbücher, die ihre geheimnisvolle Zusammensetzung beschrieben, als völlig überflüssig in der Versenkung verschwunden waren.* Oder ist es so, dass die Zusammensetzung der Seife ein Geheimnis bleiben muss und sie deshalb in der »Versenkung« verschwunden ist? Hat sie gar etwas mit den »Verschwundenen« zu tun?

Wer an der Kohlebahnlinie steht, befindet sich an Dantes Höllentor, vermeint dessen Inschrift zu lesen: *Durch mich geht man hinein zur Stadt der Trauer / Durch mich geht man hinein zum ewigen Schmerze / Durch mich geht man zu dem verlornen Volke / (...) Lasst jede Hoffnung wenn ihr eintretet.* Das Höllenmaul öffnet sich und verschlingt alles und jeden, zuletzt auch die Prosa, mit der dieses Inferno beschrieben wird. Von Anfang an ist klar: Hier gibt es kein Entkommen – finis terrae. Das, was von den Verschwunden noch präsent ist und das, was sie verschwinden ließ, ist mit dem Brachgelände um die alte Abdeckerei eine seltsame Synthese eingegangen. Es ist *das bestialische Land, von dem ich umgeben war,* das *die scheußlichen Wahrheiten einer Unterwelt heraufbeschwor, die nur wenige Zentimeter unter dem Gras begann.* Hier herrschen die vielfältigsten synästhetischen Kombinationen von Ekel und Hässlichkeit. Durch den *stinkenden Knall,* mit dem eine aufgeblähte tote Ratte zerplatzt, werden alle Sinne angesprochen – bald möchte man sagen, gequält. Das Widerwärtige zeigt sich in seiner ganzen Fülle und Totalität, es drängt sich dem Leser förmlich auf. Die Art und Weise, wie Hilbig das in eine hochpoetische Sprache umsetzt, zeigt einmal mehr sein außergewöhnliches Können als Dichter.

In dem kleinen essayartigen Text »Der Blick von unten« (1988) berichtete Hilbig von der Besichtigung einer mittelalterlichen Burg. Er fand dort ein Verlies vor, ein einfaches, birnenförmiges, in den Stein gehauenes Loch, in dem die Gefangenen in Schmutz und Entbehrung manchmal jahrelang vegetieren mussten. In unmittelbarer Nähe befand sich die Kammer eines schönen Fräuleins, mit all dem dazugehörigen Interieur, Kamin, Spiegel, hölzerner Bettstatt. Über diesen so frappierenden Gegensatz resümiert Hilbig: *Was ihrer Schönheit wirklich diente, aber war zweifellos der häßliche Gefangene in der Nachbarschaft. Die Schönheit ist ohne ihr häßliches Gegenbild nicht vorhanden. Die Schönheit weiß nichts von sich, wenn nicht daneben das Siechtum seine ganze Erniedrigung entfaltet. Das Häßliche ist das Böse, und das böse Häßliche muss siechen, damit das schöne Gute am Leben bleibe und einen Namen habe.*

Sind seine Texte nicht nach einem ähnlichen Prinzip aufgebaut? Hilbig beschrieb in diesem Absatz seine Perspektive, aus der er die Dinge sah und in Worte fasste: der hässliche Inhalt steht neben einer ästhetisch vollendeten Form. Gerade durch den starken Gegensatz beleuchtet sich beides gegenseitig in dem grellsten Licht. Das Hässliche ist neben dem Schönen noch hässlicher, das Schöne neben dem Hässlichen noch schöner. Das Hässliche existiert nicht als eine eigenständige Zuschreibung, sondern nur als Gegenbegriff zum Schönen. Das Schöne ist das Gestaltete, das Geformte. Das Hässliche dagegen hat keine Form. Es ist das Un- oder Missgestaltete, alles, was sich nicht zuordnen lässt. Was in keine Ordnung passt, wird als bedrohlich empfunden. Das Hässliche ist das Böse.

Das Brachgelände in »Alte Abdeckerei« wird von einem kleinen Fluss durchschnitten, der wie der Acheron Richtung Hades auf Germania II zufließt. Die Weiden an den Ufern des Flüsschens bilden *häßlich verkrüppelte Auswüchse*. Sie mutieren zu Geschöpfen, *denen dank ihrer Degeneration Macht und Bosheit zugefallen* sind. Auch dem, was aus der gesellschaftlichen Ordnung ausgegrenzt oder aus dem kollektiven Gedächtnis verdrängt wird, werden die Attribute des Hässlichen aufgenötigt. Das Hässliche ist Urgrund und Nährboden des offiziell beglaubigten Schönen: *Oh ich sah die Rosen auf den Ausscheidungen der verendeten Tiere wachsen*, heißt es an einer Stelle in der Erzählung.

»Alte Abdeckerei« beendete Hilbig 1990, im Herbst der Wiedervereinigung. Inmitten euphorischer Freudentaumel schrieb er in einem idyllischen Weinstädtchen bei Frankfurt am Main an diesem düsteren Text über die beständig wiederkehrenden Schatten der Vergangenheit. Am Anfang einer neuen geschichtlichen Periode erforschte Hilbig den Grund, auf dem die in dieser Zeit allseits beschworenen »blühenden Landschaften« wachsen sollten.

Der Boden rund um die alte Abdeckerei ist durch deren Abwässer verseucht, ebenso ein kleiner Bach in der Nähe: Die *Nebel stiegen (...) aus der Ackerkrume und infizierten alles, was auf den Feldern wuchs, und sie stiegen aus den Wiesen, das Gras auf den Viehkoppeln roch nach der dumpfsüßen*

Essenz der Flußnebel, die Büsche am Ufer gediehen unter diesem Geruch, der ein Fleischgeruch war (...) und die alten Bachweiden gediehen prächtig in dieser Nahrung, zahllose Schmeißfliegen, krank vor Überfütterung, tropfend wie glänzende Gebilde aus Wachs, hüpften träge durch den Schaum des Absuds, der schnell schwarz wurde, drehte sich gemächlich auf der Flut vor den Wurzelsträngen der Weiden. Wahrhaftig, hatte ich nicht als Kind, wenn es noch hell war auf dem Rückweg zur Mühle, undefinierbare Fasern und Klumpen im Wasser gesehen, hatte ich nicht geglaubt, Hautstücke im Wasser zu sehen, noch mit Borsten bedeckt, zergehende Fleischfetzen, die in Schleim und weißgelber Fettbrühe trieben.

Die Vegetation, die auf den verfallenen Industrieanlagen wuchert, ist *typisch für diese Gegend, (...) weder nützlich noch schön*. Sie ist mit ihrem Untergrund auf unheimliche Weise verbunden. Das Vegetative besitzt in Hilbigs Texten Eigenschaften, die implizit auf Körperlichkeit verweisen. Indem die alten Weiden, *das Öl der Fleische ausschwitzten, von denen sie sich nährten*, sind sie Symbole einer fleischgewordenen Vegetation. Die Bäume haben ihre Funktion als Orientierungspunkte in der Landschaft verloren. Sie, die bisher als Inbegriff von Beständigkeit und Verweilen an einem Ort galten, sind *immerfort (...) bereit, die Wurzeln, von denen sie mit wenig Verläßlichkeit gehalten wurden, wie Gewürm aus dem Schlamm zu ziehen, um wirr und vielfüßig zu wandeln.*

Auf die gleiche Weise lernt Waller in »Die Kunde von den Bäumen« diese unheimliche Lebendigkeit der Vegetation kennen: Als er in der Hütte der Müllarbeiter schreibend am Tisch sitzt, vermeint er *geblendet von dem andauernden Geflacker, einen Baumast gesehen zu haben, der sein Gezweig durch einen Spalt der Tür hereinschob und nach dem Kabel griff.* Ungläubig reibt er sich die Augen *doch der Ast – ohne Zweifel ein Stück aus dem Brennholzhaufen, der vor der Tür lag und aus den Überresten der Kirschallee stammte –, der Zweig, der an seinem Ende geformt war wie eine Hand, kam immer wieder näher gekrochen.*

Selbst von der domestizierten Vegetation geht noch Gefahr aus. In der 1981 entstandenen Erzählung »Die Angst vor Beethoven« bildet eine mysteriöse fleischfressende Topfpflanze den Fokus der Handlung. In der E. T. A. Hoffmanns »Ritter Gluck« rezipierenden Geschichte betritt ein namenlos bleibender Ich-Erzähler wie unter einem inneren Zwang ein Blumengeschäft. Unter dem dichten Grün entdeckt er dort eine seltsame Pflanze. Von ihr geht ein *süßlicher Fleischgeruch* aus, der auf den Ich-Erzähler initiierend wirkt: Die Dielenbretter des Geschäftes unter seinen Füßen weichen auf, schwere lehmige Erdaufschüttungen scheinen direkt vom Friedhof her in den Laden einzudringen. Betäubt von diesem Erlebnis, muss er *Subterrania*, die Unterirdische, wie die Pflanze genannt wird, um jeden Preis haben. Zu Hause angekommen, studiert er die obskure Pflegeanleitung, nach der die Pflanze mehrmals am Tag mit abgestandenem Wasser gegossen werden soll. Dem Wasser müssen rohe Fleischstücke beigegeben sein – *unwertes Fleisch sei genügend*. In der darauf folgenden Nacht erwacht der Ich-Erzähler aus seinem unruhigen Schlaf mit dem Gefühl, dass sich noch jemand im Zimmer befindet.

Hilbigs postmortale Landschaften sind Zeichenwelten. Ein Baum ist nicht einfach nur ein Baum. Er birgt etwas in sich, das langsam aber stetig nach außen sickert. Hilbigs Texte stehen damit der Tradition einer erweiterten Naturdichtung innerhalb der DDR-Literatur nahe. Dichter wie Berthold Brecht und Peter Huchel versuchten, die Natur aus ihrer vermeintlich statischen Menschen- und Geschichtslosigkeit zu reißen und sie mit einer universellen Aussage zu hinterlegen. *Was sind das für Zeiten wo / Ein Gespräch über Bäume fast ein Verbrechen ist / Weil es ein Schweigen über so viele Untaten einschließt* heißt es in Brechts Gedicht »An die Nachgeborenen«.

3 Arbeit, Realismus, Schreiben – Das Dazwischen

> *»Sie denken wahrscheinlich nicht ernsthaft daran, Heizer zu werden, aber gerade dann kann man es am leichtesten werden.«*
> Franz Kafka: »Der Heizer«

Wie wird es gewesen sein, wenn Hilbig Nachtschicht hatte? Was sah er, welche Gedanken rief das Gesehene in ihm hervor? Es dämmerte, wenn er das Haus verließ. Er ging den kurzen Weg zur Bushaltestelle und war der Einzige, der dort auf den Werksbus wartete. Ein Aufheulen zerriss die abendliche Stille. Zwei grelle Lichtstreifen trafen seine Augen, die sich gerade an die Dunkelheit gewöhnt hatten. Aus dem Bus drängte sich eine lärmende Menschentraube. Hilbig betrat den Fahrzeuginnenraum und nahm den durchdringenden Geruch wahr, den die Menschen nach einem langen Arbeitstag hier hinterlassen hatten.

Er setzte sich ans Fenster, immer auf denselben Platz. Die letzte Helligkeit des Tages verschwand gerade hinter den Hügelkämmen der Tagebaue. Als er das Werksgelände betrat, herrschte schon Dunkelheit. Das Ablösen der Spätschicht, ein müder Gruß zum Abschied, und plötzlich – allein. Nach dem ohrenbetäubenden Lärm des Tages, dem Quietschen und Hämmern der Maschinen, war es am Beginn der Nachtschicht still, bis auf ein Geräusch, das sonst vom Lärm des Tages verschluckt wurde. Es ähnelte einem ununterbrochenen Brüllen, wie von einem Tier, das sich noch nicht in seine Gefangenschaft ergeben hat. Hilbig ging diesem Brüllen nach, ohne zu denken, wie schon so viele Male davor.

Im Keller des Betriebs stand eine riesige Feuerungsanlage – das Kesselhaus –, welches auch in der Nacht besetzt sein musste. Hilbig öffnete die Ofenklappe, das Feuer züngelte ihm entgegen und malte gespenstische Schattenbilder an die von Kohlenstaub und Ruß geschwärzte Wand. Er warf mehrere Schaufeln Kohle in das Feuerungsloch, die dafür nötigen Handgriffe hatte er schon tausendmal gemacht. Hilbig warf die Klappe zu, das Tier im Inneren brüllte, war aber vorerst gebändigt. Auf den Heizer wartete eine lange Nacht.

Hilbig setzte sich an einem mit Asche überzogenen Tisch. Er wusste, dass ihm nach dem ersten Anfeuern etwa drei Stunden blieben, bis er wieder Kohle nachschütten musste. Diese Zeit war kostbar, jetzt konnte er lesen und schreiben. Hilbig holte ein zerknautschtes Schreibheft hervor und einen abgekauten Bleistift und beschrieb, was er sah und was er las: einen grünen Fasan auf dem Kohleberg und Rosen auf den Ausscheidungen verendeter Tiere.

Die autobiografisch angelegten Protagonisten transportieren dieses Bild vom schreibenden Heizer Hilbig. Auch in den Interviews, die er selbst gab und die während der Entstehungszeit dieses Buches mit seinen Freunden und Bekannten geführt wurden, ist Hilbigs jahrzehntelange Arbeit in der Industrie ein zentrales Thema gewesen. Was bedeutete die Arbeit als Heizer für ihn? Hat er sie gehasst, aber über die bloße Existenzsicherung hinaus gebraucht? Vieles wird Spekulation bleiben, aber eines ist sicher: Auf der langen Linie zwischen den beiden Polen »Arbeiter« und »Schriftsteller« richtete sich Hilbig in der Mitte ein. Seine Daseinsform war das Dazwischen. Vielleicht hat er das Urmoment dieser Weltsicht am Rande eines Tagebaus in der Umgebung von Meuselwitz gefunden. Aufzuwachsen in dem Bewusstsein, dass das Ende der Welt gleich hinter dem Gartenzaun anfängt, hinterlässt Spuren. Man bekommt ein Gespür dafür, wo Grenzen beginnen und wo sie überschritten werden: in der Landschaft, in der Gesellschaft und im eigenen Selbst.

Der französische Ethnologe Arnold van Gennep schrieb am Anfang des 20. Jahrhunderts in seinem Buch »Übergangsriten«: *Bei uns berührt ein Land das andere; aber früher, als noch der christliche Boden nur einen Teil Europas ausmachte, war das keineswegs so. Jedes Land war von einem neutralen Streifen umgeben.* Nach Gennep sind solche Zonen meist Wüstengebiete, Sümpfe, häufig unberührte Wälder, in denen jedermann sich gleichermaßen aufhalten und jagen kann. *Jeder, der sich von der einen in die andere Sphäre begibt, befindet sich eine Zeit lang, sowohl räumlich, als auch magisch-religiös in einer besonderen Situation, er schwebt zwischen zwei Welten.* Ein neues, eindeutig begrenztes und benanntes Gebiet darf man erst betreten, wenn man seinen früheren Status abgelegt hat. Dem rituellen Tod folgt die rituelle Wiedergeburt. Ist das aus irgendeinem Grund nicht möglich, verbleibt der Initiant in der Schwellenphase und damit in einer Situation, die unbestimmbar ist und fern jeglicher Klassifizierbarkeit. In einer solchen Schwellensituation hat Wolfgang Hilbig gelebt und seinen Platz gefunden.

Sein Weg in die Industriearbeit war vorgezeichnet. In dem kleinstädtisch geprägten Meuselwitz der 60er und 70er Jahre waren die gesellschaftlichen Räume hermetisch geschlossen. Wollte man seinem vorgezeichneten Lebenslauf entfliehen, zog das gesellschaftliche Ächtung nach sich, wie sie Hilbigs Freund Jürgen Schreiber traf. Dessen Schicksal ist die negative Parallelgeschichte zu Hilbigs Leben. Schreiber, ein gelernter Chemielaborant, lebte außerhalb der staatlichen Arbeitsstrukturen von Gelegenheitsjobs. Er reparierte auf eigene Rechnung Fernseher und sonstige Elektrogeräte. In den staatlichen Annahmestellen waren die Wartezeiten lang. Hatte man sein Gerät endlich unterbringen können, blieb es ungewiss, ob man es je wiedersah. So hatte Schreiber gut zu tun und verdiente damit mehr, als wenn er einer geregelten Arbeit nachgegangen wäre. Was er mit seiner Zeit und seinem Leben anfing, entzog sich jeder Kontrolle – innerhalb der DDR-Gesellschaft ein Unding und damit subversiv und gefährlich. Als Schreiber zudem anfing, sich literarisch auszuprobieren und daraus kein Geheimnis machte, war er beständige Zielscheibe gesellschaftlicher Angriffe. Was immer auch geschehen war – zertrampelte Grünflächen oder Zigarettenkippen auf dem Gehsteig: Schreiber war's. Beinah für vogelfrei erklärt, wurde er oft Opfer verschiedener Prügeleien.

Neben der gesellschaftlichen Ächtung und den daraus folgenden Konsequenzen war der Wunsch nach einem selbstbestimmten Leben außerhalb der staatlich festgelegten Arbeitsstrukturen auch in anderer Hinsicht nicht ganz ungefährlich: In der DDR gab es eine verfassungsrechtlich verankerte Arbeitspflicht. Wer sich ohne staatliche Genehmigung und vorzeigbaren Hochschulabschluss in einem musischen Fach zum Künstler erklärte, musste damit rechnen, als »Asozialer« von der Justiz verfolgt zu werden. Durch dieses Gesetz verfügte der Staat über ein immenses Druck- und Einschüchterungsmittel, mit dem die Bildung einer subkulturellen Szene im Keim erstickt werden sollte. Allerdings erfolglos, denn viele Künstler, die keinen Platz in der offiziellen Kulturszene fanden und oft auch nicht finden wollten, besorgten sich proletarische Hilfsjobs und boten damit Staat und Partei vordergründig keine Angriffsfläche. Die Jobs selbst waren so anspruchslos, dass keine Konfrontation der eigenen Meinung mit den staatlichen Direktiven zu erwarten war. So gab es eine Unmenge von literarisierenden Briefträgern und Heizern, malenden Kleindarstellern und Pförtnern, musizierenden Friedhofsarbeitern und Tontechnikern. Diese Praxis konnte zu kuriosen Verhältnissen führen: In den technischen Gewerken der Stadttheater fand man oft kreativere Köpfe als in der dramaturgischen Abteilung. Heiner Müller zum Beispiel entdeckte den später berühmten Bühnenbildner Hans-Joachim Schlieker in der Technikcrew der Volksbühne.

Hilbig setzte Jürgen Schreiber und den Umständen, unter denen er lebte, in der Erzählung »Der Nachmittag« ein literarisches Denkmal: Der Freund des Ich-Erzählers ist die »Zielperson« eines bösartigen Mobs, der ihn erbarmungslos durch die nächtlichen Straßen hetzt. Mehr als einmal hat der Ich-Erzähler ihn blutüberströmt in seiner Wohnung versteckt. Vergeblich, er wird unter dubiosen Anschuldigungen verhaftet und muss nach seiner Entlassung ausreisen. Durch ihr Verhalten gegenüber seinem Freund entlarvt die Stadt sich selbst: *Es gab Polizisten und Geheimpolizisten, dazu noch jede Menge kleiner übereifriger Spitzel, die um alles in der Welt gern Kommissar Maigret gespielt hätten. Die es sogar unentgeltlich taten und nur dafür, daß man bemerkte, wie ihnen die Ordnung der Stadt am Herzen lag. Wie viele Kleinbürger, deren Fenster auf die Straße gingen, und die beim geringsten ungewöhnlichen Geräusch ihre Wachposten hinter den Gardinen bezogen.*

In langen Nächten hört der Ich-Erzähler Schritte auf den Straßen der Stadt – die Geräusche eines Einzelnen, der auf der Flucht vor einer Horde Verfolger ist. Er teilt mit dem in den Westen entlassenen Freund das Wissen um die gefährliche Engstirnigkeit ihrer Mitbürger in der kleinen Stadt. Der Ich-Erzähler glaubt, in großer Gefahr zu sein: *und eigentlich hätten sie mich jagen müssen.* Aber er wird nicht gejagt, weil er – genau wie Wolfgang Hilbig selbst – einer geregelten Arbeit nachgeht und damit den gesellschaftlichen Anforderungen zumindest nach außen entspricht.

Einer offensiven gesellschaftlichen Ächtung wollte sich Hilbig nicht aussetzen. Er wurde Arbeiter und blieb es für lange Zeit. Welche Alternativen hatte er? Seine Familie bestand aus Arbeitern, die für ihren Sohn und Enkel nur diesen Lebensweg sahen: Ein gutes und redliches Leben führt nur derjenige, der sich mit seiner Hände Arbeit ernährt. Das Selbstbewusstsein, sich gegen den Widerstand seiner unmittelbaren Umgebung als Schriftsteller zu bezeichnen, hatte Hilbig als junger Mann nicht. Diesen Kampf hält nur aus, wer seine eigenen Fähigkeiten genau kennt und auf sie vertrauen kann. Seiner eigenen Größe als Schriftsteller wurde sich Hilbig Zeit seines Lebens nicht bewusst. Oder er wollte sie sich nicht ins Bewusstsein rufen. Er, der so hart um sein Recht auf Individualität gekämpft hatte, brauchte am Ende die Masse, in der er wieder anonym sein konnte, wo er wieder der Arbeiter war – ein kleines Rädchen in der großen Maschinerie des Betriebs.

In das Arbeitermilieu hineingeboren und von ihm geprägt, boten die

Arbeiter Hilbig die Sicherheit des Gewohnten und Bekannten. Nachdem C. in »Der Brief« in einem großen Industriebetrieb gekündigt hat und einige Zeit später wieder daran vorbeigeht, stellen sich bei ihm fast wehmütige Gedanken ein: *Tatsächlich, die Industrie war immer ein bedrohliches Reich gewesen ... trotzdem wurde er jetzt vor diesen Hallen ruhiger. Er hatte sich einem Gebiet genähert, das ihm bekannt war.* Diese Sicherheit konnte allerdings von erstickender Konsistenz sein. In der Masse der Arbeiter verlor der Einzelne seine Individualität. Von Bedeutung war allein die Maschine als Ganzes und die Ware, die durch sie produziert wurde. An die Stelle der so verschwundenen Identität trat die Fremdbestimmung durch Konvention und staatliche Gewalt – *sogar der bloß gedankliche Versuch ... abzuweichen (...)* wurde *mit dem äußersten Argwohn betrachtet,* heißt es im »Brief«. Etwas anderes sein zu wollen, als durch die Herkunft bestimmt, erschien Hilbig unmöglich.

Eine weitere Hürde auf dem Weg zu einem Dasein als freier Schriftsteller in der DDR waren seine Texte. Dunkel, düster und deutlich an moderne, poststrukturalistische Autoren angelehnt, entsprachen sie dem Schema des sozialistischen Realismus in keinem Fall. Die auf Georg Lukács zurückgehende Doktrin setzte das in sich geschlossene Kunstwerk als ästhetische Norm. Die Erscheinungen der Realität sollten mit bestimmten Typisierungsschemata belegt werden, in denen sich das Wesen und die Gesetzlichkeit der Wirklichkeit widerspiegeln. Literarische Formen, die dieses Schema unterliefen, wie Montage, Verfremdung oder Fabelunterbrechung, wurden abgelehnt. Der sozialistische Realismus bezog seine Ästhetik nicht aus der Wahrnehmung der Realität, sondern aus einer doktrinären Wahrheit, die Hilbigs Verständnis von Literatur nicht entsprach. Ein Schriftsteller wie Hilbig, der sagt, dass es keine Wahrheit gibt und der sein Schreiben auf seine Wahrnehmungen stützt, musste den Kulturfunktionären verdächtig vorkommen. Was Hilbig wahrnahm, war eine in Dreck und Agonie erstarrte Landschaft, die sich stetig in die Seelen der Menschen fraß und sie in Gespenster verwandelte. Deshalb wurden Hilbigs Texte auch in keinem DDR-Verlag gedruckt, obwohl die äußeren Fakten ihn zum idealen Repräsentanten eines »Arbeiter-Schriftstellers« gemacht hätten.

Nach dem Rausschmiss aus dem Altenburger Zirkel »Schreibende Eisenbahner« wurde Hilbig 1967 erneut delegiert. Diesmal fand der Zirkel in Leipzig statt, geleitet von dem Autor und Lektor Manfred Künne (1932– 1990). Es wurde zur Kenntnis genommen, dass Hilbig schrieb, und Künne konnte sicherlich auch die Qualität und das Potenzial seiner Texte beurteilen. Dennoch blieben Hilbigs Texte unveröffentlicht, denn Hilbig war auch weiterhin zu keinerlei Kompromissen bereit. Er wollte und konnte sich nicht dem Zwang unterwerfen, systemkonform zu schreiben oder sonstige Zugeständnisse in diese Richtung zu machen. Lieber nahm er in Kauf, dass seine Manuskripte ungelesen in eine Schreibtischschublade wanderten.

Derjenige Lebensbereich in der DDR, in dem die wenigsten Fragen nach dem politischen oder ideologischen Hintergrund gestellt wurden, war die Welt der Industriebrigaden in den verschiedenen volkseigenen Betrieben. Die DDR legitimierte sich als Staat aus der Vorherrschaft der Arbeiterklasse. Weil Marx die Hierachie der nachfeudalistischen Gesellschaft nur in Bourgeoisie und Proletariat unterteilte, ergab sich für die Angehörigen der Leitungsebene ein erheblicher Legitimierungszwang. Arbeiter waren sie nicht, zur Bourgeoisie wollten sie aus ideologischen Gründen nicht gehören. Der Begriff »Arbeiter« weitete sich aus und wurde auch auf die Angehörigen der Intelligenz übertragen. Daneben war es wichtig zu betonen, dass man aus der Arbeiterklasse stammte und sich ihr durch die Herkunft immer noch verbunden fühlte. Marx gab der Arbeit eine grundsätzlich materielle Definition, nach der sie ein Prozess zwischen Mensch und Natur ist, *ein Prozeß, worin der Mensch seinen Stoffwechsel mit der Natur durch seine eigene Natur vermittelt, regelt und kontrolliert.* Das heißt, er benutzt die *seiner Leiblichkeit angehörigen Naturkräfte, Arme und Beine, Kopf und Hand* zum Eingreifen in den Naturprozess, um seine Bedürfnisse zu befriedigen.

In dieser Tradition wurde letztendlich jede Tätigkeit als »Arbeit« angesehen – auch Wissenschaft, Philosophie, Literatur oder Kunst. Wichtig war die ideologische Analogie zwischen dem Idealtypus des Industriearbeiters, der schwere körperliche Arbeit verrichtet, und der eigenen Tätigkeit. Der Industriearbeiter wurde als Repräsentant seiner Klasse von der Leitungsebene politisch umworben, denn auf ihm gründete sich das Selbstbild der sozialistischen Gesellschaft. Er wurde aber auch sozial konserviert: Diejenigen Arbeiter, die nach der Definition von Marx wirklich »Arbeiter« waren, machten ihre Weltanschauungen, Meinungen, Konventionen, Kleidungs- und Konsumgewohnheiten und nicht zuletzt ihre Alltagssitten zur gesellschaftlichen Norm. Das funktionierte durch ihre ideologische Überhöhung. Das Ideal eines Industriearbeiters war ein großer, kräftiger Mann im obligatorischen, ölverschmierten »Blaumann«. Dieses sakrosankte Bild eines Arbeiters strahlte von unzähligen Plakaten, hing in Universitätsmensen, Kulturhäusern, Behörden und Schulen. In der Alltagsrealität hatte diese Idealfigur noch ein weiteres Detail: den Bierbauch. Soziologische Untersuchungen* haben nachgewiesen, dass es in der DDR-Gesellschaft eine gewisse Tendenz gab, sich diesem Bild äußerlich anzunähern. Den Bierbauch als Attribut trugen auch klassenbewusste Ingenieure, Werksleiter und Universitätsprofessoren stolz zur Schau. Das Biertrinken gehörte so eng zum Dasein der Arbeiter, dass es kaum als Trinken betrachtet wurde. Selbst auf Arbeit war es üblich, sich in den Pausen oder in langen Nachtschichten auf ein Bier zusammenzusetzen, um die Stimmung zu heben.

Die ideologische Vormachtstellung der Arbeiter war nicht der alleinige Grund für deren soziale Dominanz. Die Wirtschaftspolitik der DDR fokussierte sich bis Mitte der 60er Jahre weitgehend auf die Grundstoffindustrie und rückte dadurch den Industriearbeiter verstärkt ins öffentliche Bewusstsein. Dennoch lag die politische Macht nicht in ihren Händen, sondern in denen der Parteifunktionäre. Das war beiden Seiten völlig bewusst. Trotz ihrer politischen Machtlosigkeit entwickelten die Arbeiter gegenüber der Leitungsebene ein sehr solides Selbstbewusstsein. Die Facharbeiter wussten sehr gut, dass allein sie es waren, die mithilfe ihrer praktischen Erfahrungen und Wendigkeit das tagtägliche Chaos in der sozialistischen Wirtschaft bewältigten und die Betriebe damit am Laufen hielten.

Die volkseigenen Betriebe standen nicht nur wegen der ideologischen Aufwertung der »Arbeit« im Mittelpunkt der DDR-typischen Gesellschaftsstruktur: Durch die im Gegensatz zur BRD höhere Beschäftigtenquote zentrierte sich hier weitgehend die staatliche Sozialpolitik. Die Betriebe vermittelten den Zugang zu zentralen Versorgungsgütern wie Wohnungen und Urlaubsplätzen. Viele Betriebe hatten werkeigene Kindergärten, Läden und Arztpraxen, die man nach Absprache auch während der Arbeitszeit aufsuchen konnte. Die Arbeitsbiografie eines DDR-Bürgers war von der Lehrzeit bis zur Pensionierung klar vorgezeichnet. In der Regel verließ man den Betrieb ein ganzes Arbeitsleben lang nicht wieder. Die Zusammensetzung der Brigaden und Kollektive blieb über lange Zeiträume relativ stabil. Es gab Betriebsausflüge und Brigadefeiern. Daraus entwickelte sich ein sozialer Zusammenhalt, der oft über die Arbeitszeit hinaus wirkte. Der Betrieb wurde zum generationsübergreifenden Lebensmittelpunkt. *Die soziale Landkarte der DDR war eher durch die Betriebe als durch Wohnorte zusammengesetzt.***

---

* zum Beispiel: Engler, Wolfgang: Die Ostdeutschen. Kunde von einem verlorenen Land, Berlin 2000.
** Kohli, Martin: Die DDR als Arbeitsgesellschaft? Arbeit, Lebenslauf und soziale Differenzierung, in: Kaelble, Hartmut (Hg.): Sozialgeschichte der DDR, Stuttgart 1994, S. 31–61, hier: S. 43.

Neben dem Bergbau war der Maschinenbau in Meuselwitz der bedeutendste Industriezweig. Die erste Maschinenfabrik wurde 1876 von Hymer und Pilz gegründet. Nach dem Zweiten Weltkrieg unter VEB John Schehr neu firmiert, wuchs der Betrieb zum zeitweise größten Arbeitgeber der Region an. Es wurden Walzendreh- und Schleifmaschinen, Radialbohrmaschinen und Stoßmaschinen hergestellt und in die ganze Welt exportiert. Der VEB John Schehr bestand aus mehreren Betriebsteilen an verschiedenen Standorten der Region. Mit der 1971 in Betrieb genommenen Eisengießerei, am Ortsausgang in Richtung Lucka gelegen, beschäftigte die Maschinenfabrik, kurz MAFA genannt, in Bestzeiten bis zu 3 000 Menschen.

Noch während seiner Lehre zum Bohrwerksdreher half Hilbig zeitweise in den Kesselhäusern der verschiedenen Betriebsteile aus. Über den allgemeinen DDR-spezifischen Personalmangel hinaus wurden dort besonders im Winter händeringend Leute gesucht, die die Feuerung der riesigen Dampfanlagen übernahmen. Im Gegensatz zur Arbeit eines Bohrwerksdrehers, der im Akkord eine bestimmte Stückzahl fertigen musste, standen die Heizer weit weniger unter Bewachung. Aus einer zeitlich begrenzten Vertretung wurde eine dauerhafte Anstellung. Für Hilbig hatte die Tätigkeit als Heizer enorme Vorteile gegenüber seinem erlernten Beruf: Waren die Handgriffe erst einmal vertraut und die Eigenheiten der Anlage bekannt, ergaben sich zeitliche Freiräume, die man persönlichen Angelegenheiten widmen konnte. Hilbig nutzte sie zum Schreiben, was der Situation entsprechend ideal war: Die Anlage war keinen Augenblick unbewacht. Sobald es nötig wurde, konnte er jederzeit wieder eingreifen. Doch die Arbeit als Heizer hatte auch Nachteile. Sie verlief zwar nicht so kontinuierlich wie die am Fließband, war dafür aber völlig unkalkulierbar. Hatte sich die Wetterlage kurz vor dem eigentlichen Dienstende verschlechtert, mussten die Heizer dableiben und Überstunden machen. Was besonders fatal war, denn die Abfahrtszeiten der Betriebsbusse waren an die Feierabendzeiten gebunden. Mitunter musste man sehr lange warten, bis der nächste Bus fuhr. Zuspätkommen galt aus diesem Grund als absolutes Sakrileg. Es bedeutete, dass die abgelöste Schicht nicht pünktlich zum Bus und erst sehr viel später nach Hause kam. Hilbigs Protagonisten, die mit einem diffusen Zeitgefühl ausgestattet sind, hetzen und hasten diesen magischen Zeitpunkten des Feierabends und des Schichtbeginns ständig hinterher. Getrieben von der Sorge, den Unwillen der Kollegen auf sich zu ziehen, stolpern sie schlaftrunken über zerfurchte Wege, nur um festzustellen, dass sie schon wieder nicht zur rechten Zeit erschienen sind.

Nach mehreren Wanderjahren als Montagearbeiter in Chemie- und Industriebetrieben in Bitterfeld, Wolfen und Leuna arbeitete Hilbig längere Zeit im Kesselhaus der Gießerei des Betriebsteils in Bünauroda. Von 1974 bis 1975 qualifizierte er sich zum Facharbeiter für Wärmetechnik und durfte nun auch komplexere Anlagen bedienen, bei denen der eigentliche Arbeitsaufwand geringer war und die zeitlichen Nischen größer – für Hilbig der eigentliche Grund für die Weiterbildung. Bis zu seinem Weggang 1978 arbeitete er in Mumsdorf, Betriebsteil 06.

Nach seiner Haftentlassung im Sommer 1978 zog Hilbig nach Berlin. Auch dort suchte er sich wieder eine Arbeit als Heizer, diesmal in einer Wäscherei im Stadtteil Lichtenberg. Die Lokalität der Wäscherei wird später in der Erzählung »Die Weiber« und dem Roman »Ich« eine Rolle spielen. Zunächst wohnte Hilbig in der Flemmingstraße 29, ab 1981 zusammen mit Margret Franzlik in der Fanningerstraße 35. Aus der Beziehung mit der Journalistin stammt seine einzige Tochter, Constanze, geboren 1980. Leipziger Freunde, die ihn in der Fanningerstraße besuchten, erlebten einen besorgten Vater, der jede Lebensäußerung der kleinen Tochter genau beobachtet und analysiert. Hält die Kleine kurze Zeit ein Beinchen angewinkelt, vermutet Hilbig dahinter gleich eine schlimme Krankheit. Doch die Beziehung zu Margret Franzlik zerbrach schnell: Bereits im Sommer 1982 ist Hilbig wieder in Leipzig.

Der Versuch, wie Voltaires Held Candide fernab von den großen Weltutopien und -dystopien ein kleines Glück zu leben, funktionierte nicht. In »Candide oder die beste aller möglichen Welten« bekommt der uneheliche Neffe eines Barons die Unbill der Welt zu spüren. Wie ein Schiff auf schwerer See durchlebt er Höhen und Tiefen, immer auf der Suche nach einem erfüllten Dasein. Am Ende seiner Lebensfahrt gibt er es auf, dem großen Glück hinterherzujagen und bestellt friedlich einen kleinen Garten, von dem er und seine Familie bescheiden leben. Die Unmöglichkeit, Candides Lebensweisheit zu verwirklichen, hat Hilbig lange beschäftigt – persönlich und literarisch. Der jugendliche Protagonist in »Alte Abdeckerei«, will nach der Lektüre des »Candides« unbedingt Gärtner werden, scheitert aber am Unverständnis seiner im Bergbau arbeitenden Angehörigen. Sein Dasein in der Arbeitswelt beginnt in der Abdeckerei. Anstatt mit dem Leben, beschäftigt er sich fortan mit dem Tod.

Durch die Vermittlung von Franz Fühmann konnte Hilbig 1980 acht Gedichte in der Zeitschrift »Sinn und Form« veröffentlichen. Kaum hatte er den Vertrag darüber zugeschickt bekommen, ließ sich Hilbig in sein SVK-

Buch, welches die Arbeitsrechts- und Sozialversicherungsverhältnisse in der DDR dokumentierte, den Vermerk »freiberuflich« eintragen. Zwei Jahrzehnte hatte sich Hilbig beinah ausschließlich im Milieu der Industriearbeiter bewegt. Sein ganzes bisheriges Leben war ein einziger Kampf um den für ihn knappen Faktor Zeit gewesen. Jeden Tag acht Stunden harte körperliche Arbeit, unzählige Überstunden, der mitunter lange Weg zur Arbeit und zurück. Nun hatte er Zeit im Überfluss. Das Honorar für seine beiden ersten Veröffentlichungen, die im S. Fischer Verlag Frankfurt am Main erschienen waren, reichte, um bescheiden leben zu können. Zeitweise betrug der Umrechnungskurs zur Westwährung 1:8. Hilbig hatte plötzlich ganze Tage vor sich, die er mit Schreiben füllen konnte – und auch musste. Er sah sich von einem ungeheuren Erwartungsdruck verfolgt. Hatte bisher die Arbeit sein Leben strukturiert und ihm ein, wenn auch ungeliebtes, Gerüst gegeben, gab es jetzt nur noch ihn und das Schreiben. *Wenn ich schreibe, bin ich*, konstatiert C. in »Eine Übertragung«. Allein aus dem Schreiben hat Hilbig sein Existenzrecht geschöpft. Die Angst, literarisch zu verstummen, wurde nach seiner Kündigung allgegenwärtig. Nach der Ausreise 1985 in die BRD verfolgte ihn der Gedanke, dass seine Aufenthaltsgenehmigung in dem Moment erlöschen würde, in dem er nicht mehr schrieb.

Auf das Sujet seiner Texte hatte das Ende der wechselnden Arbeitsverhältnisse keine Folgen. Die Welt der Industriearbeiter blieb nach wie vor dominierend. Einer jungen Frau, die ihn nach einer Lesung im Jahre 2006 fragte: *Wovon nährt sich das Schreiben? Man muss doch auch etwas erleben*, antwortete er: Wissen Sie, ich habe bis 1980 in der Industrie gearbeitet. Ich denke manchmal: *Bleib an deinem Schreibtisch, du brauchst nichts mehr erleben.**

Hilbig blieb auch nach seiner Kündigung ein Arbeiter, speziell ein Arbeiter aus der DDR mit dessen besonderer Perspektive auf Welt und Dasein. Sich selbst als Schriftsteller zu bezeichnen, kam ihm noch lange Zeit als hohle Gebärde vor. Hilbig versuchte zu verstehen, was das jeweils Eigentliche an beiden Daseinsformen war und wie sich seine eigenen Erfahrungen und Empfindungen dazu verhielten.

In der DDR entstandene Literatur, die sich die Arbeitswelt zum Sujet nahm, war oftmals realitätsfern und ideologiebezogen. Das lag vor allem

---

* Schoor, Uwe: Heraustreten aus selbstverschuldeter Müdigkeit. Zwei unaufgefordert schreibende Arbeiter: Wolfgang Hilbig und Gert Neumann, in: Argonautenschiff 15, 2006, S. 56–70, S. 66.

daran, dass die Schriftsteller wegen des Misstrauens der Arbeiter gegenüber Angehörigen der Intelligenz wenig Zugang zu deren wirklichen Alltag und Problemen fanden. Es war sehr selten, dass etablierte DDR-Schriftsteller, die auch in der DDR publizieren konnten, über die Verständigungsbarriere zwischen Arbeitern und Intellektuellen reflektierten. Offiziell gab es keine Kommunikationsschwierigkeiten. Die Problematik anzusprechen hätte geheißen, an den Fundamenten der DDR-Gesellschaft zu rütteln, sich einzugestehen, dass die Kluft zwischen Anspruch und Wirklichkeit immer größer wurde. Neben Brigitte Reimann und Volker Braun war es vor allem Franz Fühmann, der immer wieder versuchte, sich dem Thema Arbeitswelt in der DDR authentisch zu nähern. 1974 fuhr er das erste Mal mit Bergleuten eines Mansfelder Kupferbergwerkes ein. Die Begegnung mit den Bergleuten und die Fahrt in das Innere des Berges wurden für ihn eine Reise in das eigene Ich. Der überzeugte Sozialist Fühmann begann nachzudenken und erkannte, dass die Formel vom »Arbeiterstaat« ein leeres Begriffsgebäude war. In den Textfragmenten von »Im Berg«, die daraufhin entstanden, zog er ein schonungsloses Resümee. Gemessen an der sozialistischen Definition von »Arbeit« fragte er sich: *War denn mein Schreiben überhaupt Arbeit?* Und zugespitzt: *Gehörte ich zum Volk?**

Genau wie Hilbig glaubte auch Fühmann nicht mehr an die vorgegebenen Wahrheiten, sondern fing an, seinen Wahrnehmungen zu vertrauen. Für Fühmann muss es eine schmerzhafte Erkenntnis gewesen sein, sah er doch die Utopien einer sozialistischen Gesellschaft gescheitert, die so sehr auch die seinen gewesen waren. In den Trümmern entdeckte Fühmann die Texte eines Arbeiters, der sich autodidaktisch die Werke der in der DDR verfemten Schriftsteller angeeignet hatte, darunter die Romantiker, aber auch postmoderne Autoren aus dem französischen und anglo-amerikanischen Raum. So war es nicht verwunderlich, dass Fühmann sich mehrmals öffentlich für Hilbig einsetzte: Zu seinem 60. Geburtstag 1980 lud der damalige Reclam-Chef Hans Marquardt Autoren zu einer Lesung nach Leipzig ein, darunter auch Franz Fühmann. Dieser kündigte daraufhin an, auf dieser Feier Texte von Hilbig zu lesen. Den Veranstaltern müssen Hilbigs Texte bekannt gewesen sein und sie ahnten, dass es nicht beim Lesen derselben bleiben und Fühmann auch ihre Veröffentlichung einfordern würde. Mit der Zusage, dass bei Reclam Gedichte von Hilbig erscheinen könnten, zog Fühmann seinen geplanten Redebeitrag zurück. Vorerst scheiterte dieses Vorhaben,

---

* Fühmann, Franz: Im Berg. Texte aus dem Nachlaß, Rostock 1991, S. 43; bzw. 91.

am komplizierten Procedere der DDR-typischen Verlagsstrukturen. Gegängelt von der Zensurbehörde erhielt Reclam nur die Genehmigung für den Satz, nicht die für den Druck. Das fertige Buch hing in einer Warteschleife, von der niemand wusste, wie lange sie dauern würde. Auf Initiative von Fühmann konnte Hilbigs Erzählung »Die Beschreibung« (1973) schließlich in einer von Manfred Jendryschik beim Mitteldeutschen Verlag herausgegebenen Anthologie »Alfons auf dem Dach und andere Geschichten« erscheinen – Hilbigs erste Buchveröffentlichung auf dem Gebiet der DDR.

Noch einmal wurde Fühmann aktiv: Für den IX. Schriftstellerkongress 1983 in Ost-Berlin hatte er schon einige Zeit vorher ein umfangreiches Redemanuskript vorbereitet, in dem er wiederum Publikationsmöglichkeiten für Wolfgang Hilbig forderte. Nachdem der S. Fischer Verlag 1979 den Gedichtband «abwesenheit» und 1982 eine Auswahl von Erzählungen unter dem Titel »Unterm Neomond« veröffentlicht hatte, sollten nun auch die Leser der DDR Zugang zu Wolfgang Hilbig finden können. Fühmann verzichtete erst dann auf seine Wortmeldung, als er von Klaus Höpcke persönlich die Zusage erhielt, dass der Reclam-Verlag Leipzig eine Textauswahl von Hilbig publizieren durfte. Und wirklich: 1983 erschien der Band »stimme, stimme« mit Lyrik und Prosa. Zusammen mit dem Lektor Hubert Witt von Reclam überarbeitete und erweiterte Hilbig das schon seit drei Jahren fertige Buch nochmals. »Stimme stimme« wurde in einem extra für diesen Band entworfenen Format gedruckt und hatte den für DDR-Verhältnisse ungewohnt hohen Preis von 8 Mark. Beides ließ ihn zu etwas Kostbarem werden. Einerseits nicht allen zugänglich, andererseits für diejenigen, die seiner habhaft werden konnten, ein symbolträchtiges Evangelium. Die bloße Existenz von »stimme stimme« war der Beweis, dass auch die rigiden DDR-Kulturbehörden zumindest teilweise in die Knie gezwungen werden konnten. Teilweise, denn auch in diesem Buch gab es Streichungen. Besonders auffällig war das Weglassen einer ganzen Strophe in dem Gedicht »das meer in sachsen«. Die Strophen des gesamten Gedichts sind durchnummeriert und erschienen auch so in gedruckter Form. Der Leser wird sich seinen Teil gedacht haben, als unter Nummer 2 plötzlich Nummer 4 stand. Vielleicht war es das bloße Vorkommen des Wortes »Politik« in dem besagten Vers, das den Zensorstift zucken ließ – ein blinder Automatismus, bei dem der Aufbau des Gedichtes völlig nebensächlich war. Durch die lückenhaft gewordene Nummerierung erhielt das Gedicht eine neue Aussage.

Das Rede-Manuskript für den IX. Schriftstellerkongress veröffentlichte Fühmann im selben Jahr in »Essays, Gespräche, Aufsätze 1964–1981«.

Der nun mit »Praxis und Dialektik der Abwesenheit« betitelte Essay enthält eine umfassende Würdigung von Hilbigs Schreiben, hinter der aber auch eigene Bekenntnisse und Zielvorstellungen spürbar werden. Für die DDR diagnostizierte er einen Zustand des *Gesellschaftsgestocktseins*, dem er eine genaue Definition gab: *Es ist das Sich-nicht-entfalten-Können auch als Zustand der Gesellschaft, der ihn, und nicht nur ihn, so quält, dieses Brachliegen schöpferischer Kräfte, dies Vertun von Entwicklungsmöglichkeiten, dies Negieren alternativer Bereitschaft, diese Dumpfheit unkritischen Bewußtseins und darüber das satte Selbstbehagen, jene* schreckliche zufriedenheit [Fühmann zitiert hier aus Hilbigs Gedicht »ich begreife nicht«, 1966], *die sich ununterbrochen selbst versichert, daß sie es so herrlich weit gebracht, und die jedes Reflexionsangebot mit der Elle dieses Versicherns mißt.*

Hilbig fühlte sich durch die Fürsprache Fühmanns sehr geehrt. Der Autodidakt, der nie einen literarischen Mentor hatte, nahm das, was Fühmann zu sagen hatte, sehr ernst. In einem Gespräch mit Harro Zimmermann erzählte Hilbig, dass Fühmann ihn 1980 zu sich eingeladen hatte. Nachdem er durch die positive Resonanz von »abwesenheit« und »Unterm Neomond« im westlichen Feuilleton auf ihn aufmerksam geworden war.* Bis zu diesem Zeitpunkt hatte Hilbig kaum DDR-Literatur gelesen und kannte dadurch auch Fühmanns literarisches Werk nicht. Die Begegnung mit Fühmann wurde für Hilbig zu einer Begegnung mit dessen Texten. Fühmann war der lebende Beweis, dass auch in den abgesteckten Bahnen, in denen in der DDR literarische Texte publiziert werden durften, Großes möglich war. Von da an beschäftigte er sich mit offizieller DDR-Literatur. Fühmann riet ihm eindringlich, die Industriearbeit aufzugeben und schuf ihm durch die Veröffentlichung in »Sinn und Form« die Voraussetzung dazu: *Die Knöpfe, die du drückst, kann jeder drücken, aber die Texte, die du schreibst, kann nicht jeder schreiben*, gab Hilbig Fühmanns Ratschlag im Interview mit Gaus wieder. Hilbig stand mit Fühmann bis zu dessen Tod 1984 in engem Kontakt und war auch bei dessen Beerdigung in Märkisch-Buchholz dabei.

In dem Essay »Der Mythos ist irdisch. Für Franz Fühmann zum 60. Geburtstag«, eine Antwort auf »Praxis und Dialektik der Abwesenheit«, 1982 in der »Neuen Rundschau« veröffentlicht, war noch deutlich der Minderwertigkeitskomplex Hilbigs gegenüber einem Angehörigen der

---

* Zimmermann, Harro: Zeit ohne Wirklichkeit. Gespräch mit Wolfgang Hilbig, in: Arnold, Heinz-Ludwig (Hg.): Wolfgang Hilbig. Text+Kritik, Bd. 123, München 1994, S. 11–18, hier: S. 13.

Intelligenz zu spüren, *die altbekannte Schwelle, das Brett der Klasse, das man vor dem Kopf hat*. Doch im selben Text, nur wenige Zeilen später, glomm ein neues Bewusstsein für den Wert seiner eigenen Texte und sich selbst auf: Die Art und Weise, wie er zu seiner literarischen Bildung gekommen war, ordnete er zwar eher dem Gefühl als der Ratio zu, sah aber mit einem Rückbezug auf E. T. A. Hoffmann beide Möglichkeiten Erkenntnis zu erlangen als gleichwertig an: *Neben flüchtig gestreifte Bildung tritt das Ungebildete als eine ebenbürtige Größe, neben die Götterlehre ist plötzlich die Gespensterlehre getreten.*

Schwierig ist es, die Perspektive Fühmanns auf Hilbig zu bestimmen. Neben großer Wertschätzung für dessen Texte und väterlicher Hilfestellung schien er sich ihm doch immer überlegen gefühlt zu haben. Für Fühmann war Hilbig *ein großes Kind, das mit Meeren spielt, ein Trunkener, der Arm in Arm mit Rimbaud und Novalis aus dem Kesselhaus durch die Tagebauwüste in ein Auenholz zieht*[*] – Hilbig, ein aus dem Unbewussten schöpfender Naivling? Keineswegs. Auch wenn er sich nach außen ganz und gar nicht wie ein Literat gab, sich nicht als besonders belesen oder eloquent zeigte, hat er sich auch schon in dieser Zeit theoretisch mit Literatur auseinandergesetzt. Er beschäftigte sich intensiv mit Marx, Hegel und Kant, las Schopenhauer und Nietzsche, studierte die Biografien der anarchistischen Philosophen Bakunin und Max Stirner. Die Umweltzerstörungen, die ihn umgaben – die *Ausdünstungen eines pestilenzalischen Acherons*, wie es in »Eine Übertragung« heißt –, versuchte er im Kontext der Umweltbewegung zu sehen. Er las Ernest Callenbachs »Ökotopia«, Stephen Diamonds »Was die Bäume sagen« und »Das geheime Leben der Pflanzen« der amerikanischen Forscher Peter Tompkins und Christopher Bird. Besonders das letzte Buch muss für Hilbig prägend gewesen sein: Nach der ganzheitlichen Sicht von Tompkins und Bird haben Pflanzen ein eigenes und selbstständiges Bewusstsein, durch das sie in der Lage sind, mit anderen Wesen und Elementen im Kreislauf des Weltgeschehens zu kommunizieren. Ins Monströse gewandelt, machen die *Abdeckerweiden* in der »Alten Abdeckerei« oder die verkrüppelten Kirschbäume in »Die Kunde von den Bäumen« nichts anderes.

Die fruchtbare Begegnung zwischen dem schreibenden Arbeiter und dem im Literaturbetrieb der DDR etablierten Autor blieb eine Ausnahme-

---

[*] Fühmann, Franz: Praxis und Dialektik der Abwesenheit. Eine imaginäre Rede, in Wittstock, Uwe: Wolfgang Hilbig. Materialien zu Leben und Werk, Frankfurt am Main 1994, S. 41–56, hier: S. 55.

erscheinung. In solchen Begegnungen, wie sie im Zuge des Bitterfelder Weges ab und zu zustande kamen, sah die Parteiführung eine Gefahr für den Status quo. Schon einige Jahre vor der Begegnung zwischen Fühmann und Hilbig auf dem XI. Plenum des ZK der SED wurde der Vorabdruck eines Kapitels aus dem Roman »Rummelplatz« von Werner Bräunig zum Anlass genommen, um die Beschlüsse der Bitterfelder Konferenzen fast vollständig wieder zurückzunehmen. Rückblickend erinnerte sich Christa Wolf: *Man hat vorbeugend jegliche Verbindung zwischen den verschiedenen Strömungen in der Gesellschaft – denen, die in der Wirtschaft auf Veränderung drängten, und denen, die in der Kunst auf Veränderung drängten – nur ja rechtzeitig zerschlagen und einen Sündenbock finden wollen, um die wirklichen Probleme nicht diskutieren zu müssen.**

Hilbig kam in »Abriss der Kritik« (1995) zu einem ähnlichen Befund: *Es konnte überhaupt nicht die Rede davon sein, daß man einem Arbeiter ernstlich eine Stimme im Literatur- oder Kulturbetrieb der DDR zugestand, gar noch unter der Voraussetzung, ihm Wahrheiten über die Zustände an der Produktionsfront zu gestatten.* Er machte die Erfahrung, dass seine Lebenswelt, sein Alltag, in der Literatur der DDR und später auch im westdeutschen Literaturbetrieb keine Rolle spielte. Die Intelligenz konnte in den Lebensbereich der Arbeiter nicht eindringen, umgekehrt verhielt es sich genauso. Noch drastischer charakterisiert der schreibende Arbeiter in »Eine Übertragung« das Verhältnis der beiden sozialen Bereiche: *Doch ich wußte von einer nahezu unüberbrückbaren Distanz der Arbeiter gegenüber der Literatur, ich wußte, wie sie sich den eindringenden Literaten gegenüber verstellen würden, ich kannte besonders auch ihre Haltung vor der Literatur, die sich plötzlich mit ihren Belangen auseinanderzusetzen vorgab und die deshalb ihrer Lektüre nachdrücklich empfohlen war. Sie waren nicht zu betrügen, schon gar nicht von der miserabelsten Variante dieser Konzeption: eine bestimmte Art von Literatur existierte für sie einzig und allein, um ihren Geschmack zu verderben. Sie biederte sich ihnen ekelhaft an, schien sie kritiklos zu heiligen, darunter aber fühlten sie sich insgeheim verachtet. Sie wußten, sie waren das Objekt bloß verbaler, opportuner Bekenntnisse, wurden, nicht mehr nur als Arbeitskraft, zusätzlich noch als Staffage für eine künstliche Realität benutzt und dienten zum Vehikel durchsichtiger Zwecke für eine privilegierte Literaturmafia, wo es tatsächlich, ganz analog, ein Gesetz des Schweigens gab.*

---

* in: Agde, Günter (Hg.): Kahlschlag. Das 11. Plenum des ZK der SED 1965. Studien und Dokumente, Berlin 1991, S. 350 f.

»Oben« und »unten« standen sich sprach – und verständnislos gegenüber. Es gab keine gemeinsame Kommunikationsbasis. Die Arbeiter sprachen eine Sprache der Körperlichkeit, die direkt aus ihrer Arbeit resultierte. Die Arbeit machte den Arbeiter erst zu dem, was er war. Nach Marx schaffen sich die arbeitenden Subjekte nicht nur die Bedingungen für ihr Überleben, sondern in der Auseinandersetzung mit der Natur immer auch sich selbst: Die Arbeit gab dem Arbeiter seine Identität. In der 1980 entstandenen Erzählung »Der Heizer« steigerte Hilbig diesen Zusammenhang bis ins Extrem: *die Arbeit des Heizers lässt diesen als menschliches Subjekt fast völlig zurücktreten. Der Lärm des Kesselhauses verschließt die Stimmwerkzeuge des Heizers mit einem erdigen Belag (...). In den schwarzen, mit jedem Schwung der Schaufel aufschießenden, von der niedrigen Decke zurückflutenden Wolken aus Staub war der Heizer kaum sichtbar.* Ohne seine Arbeit hört er auf zu existieren. Außer der Berufsbezeichnung oder dem Kürzel H. hat der Heizer keinen Namen. Zunächst identitätsstiftend, lässt Arbeit in gesteigerter Form Identität verschwinden. Ein Vorgang, der sich in Hilbigs Texten auf der Ebene der Klasse wiederholt: *Und es ist ungefähr das Wissen, daß er, der Arbeiter, wenn er seinen Stand nach unten verläßt, so gut wie verschwunden sein kann.*

Zu seiner Sozialisierung im *fünften Stand* – wie Hilbig in der »Der Brief« sein Herkunftsmilieu nannte – hatte er ein gespaltenes Verhältnis. Einerseits lag hier die literarische Quelle seines Werkes, andererseits versuchte er, Abstand zur Arbeiterschicht zu gewinnen. In erster Linie, um schreiben zu können, aber auch aus Angst vor materieller und emotionaler Verelendung: Hilbig meinte, das Charakteristische seiner Herkunft sei, dass es darunter nur die Asozialität gäbe. Davor fürchtete er sich, davon fühlte er sich aber gleichzeitig angezogen. Hilbig hatte schon immer sehr viel Alkohol konsumiert. War es anfangs ein Gruppenritual, dem er sich nicht entziehen wollte, wurde der Alkohol im Laufe der Zeit immer wichtiger für ihn, ein Mittel gegen Selbstzweifel und daraus resultierende Schreibblockaden. Wenn der Alkohol sein Denken und Handeln bestimmte, überschritt er diese Grenze häufig. Dann zogen ihn Orte an, an denen diejenigen Menschen gestrandet waren, die keiner sozialen Schicht mehr angehörten. Er verbrachte seine Zeit in Bahnhofskneipen und Stehimbissen, trank mit heruntergekommenen Prostituierten und verwahrlosten Säufern, schlug sich mit Kleinkriminellen um die Zeche. Der asoziale Sumpf zog ihn an. Vielleicht, weil der Untergang auch Erlösung versprach. Im Augenblick des Versinkens kann man von den Anforderungen, die das Leben stellt, zurücktreten und loslassen.

3 ARBEIT, REALISMUS, SCHREIBEN – DAS DAZWISCHEN

Den Arbeiter Hilbig muss es große Anstrengungen gekostet haben, sich der Sprache des Geistes zu bedienen. Sie ist kein Naturgut, nichts Angeborenes, sondern ein Produkt höherer Bildung. Einer Art Bildung, die der »fünfte Stand« für seine Arbeit nicht brauchte und die allein in den Händen der Intelligenz lag. Aus dieser Perspektive ist die so gern gebrauchte Bezeichnung »Arbeiterschriftsteller« in sich widersinnig. Der Protagonist in »Der Brief« empfindet diesen Begriff sogar als abwertend: *Das Mitleid des Bildungsbürgertums – machen wir uns nichts vor [...] hat irgendwann einmal den Begriff Arbeiterschriftsteller geprägt*. Wenn etwas über die Sphäre der Arbeiter in der Sprache der Intelligenz ausgedrückt werden soll, geschieht das nur mit Informationsverlusten. In »Der Brief« hat sich ein Arbeiter diese Sprache angeeignet. Als er jedoch den Versuch unternimmt, über sich und seine Existenz zu schreiben, erkennt er die Unmöglichkeit dieses Vorhabens: *Diese Worte haben Gedanken erwähnt, die mir inmitten des Weichbilds dieser Klasse gekommen sind und die ich dort auch nachvollziehen konnte, aber haben sie je eine einzige Faser von mir ausgedrückt?*

Die Arbeiter haben sich bewusst für das Schweigen entschieden, weil sie jeden Kommunikationsversuch mit der Leitungsebene als sinnlos ansehen: *Die Arbeiter waren tatsächlich eine Art schweigender Mehrheit, die sich nicht artikulieren wollte, da sie den zwischen Realität und offiziellem Sprachgebrauch klaffenden Widerspruch als unaufhebbar hingenommen hatte*, resümierte Hilbig in »Abriss der Kritik«. Durch die fehlende Kommunikationsbereitschaft auf beiden Seiten konnte es einen »Arbeiter-Schriftsteller« in der DDR nicht geben. Der literarisch ambitionierte Arbeiter in »Der Brief« weiß um diesen Zusammenhang: *Es kostete mich keinerlei Anstrengung zu begreifen, dass ich nicht von der Arbeiterklasse geschickt worden war, um zu schreiben ... wenn das der Fall gewesen wäre, hätte es vielleicht einen Grund gegeben, mich Arbeiter-Schriftsteller zu nennen*. Auch Hilbig selbst hat sich der Bezeichnung »Arbeiterschriftsteller« immer verweigert. Da weder seine Person noch seine Texte in der DDR öffentlich wahrgenommen wurden, war es das westdeutsche und später das gesamtdeutsche Feuilleton, das ihn dazu stilisierte. In dieser fortdauernden Etikettierung sah er ein Indiz, dass der Kulturbetrieb dem Begriffsnetz der DDR-Ideologie auf dem Leim gekrochen war. Von sich selbst sagte Hilbig in »Abriss der Kritik«: *Ich war Arbeiter* und *Schriftsteller, nicht aber ein Arbeiterschriftsteller*.

Durch ihr beharrliches Schweigen gegenüber dem leeren Begriffssystem der Leitungsebene erschienen die Arbeiter subversiv. Fanatische Parteiideologen fanden sich in ihren Reihen kaum. Die Arbeiter sahen die

Dinge und das Leben pragmatisch und erwiesen sich aus diesem Grund in Grenzen tolerant. Schrieb einer ihrer Kollegen während der Arbeitszeit an literarischen Texten, stieß das zwar auf Unverständnis, wurde aber geduldet: *Es war unter Arbeitern in der DDR auch selbstverständlich, daß man während der Arbeitszeit mit eigenen Problemen beschäftigt war – schon die kritische Versorgungssituation machte solches Verhalten notwendig – man tolerierte und deckte Privatgeschichten* (»Abriss der Kritik«). Diese Duldung stand allerdings auf tönernen Füßen, wie der Protagonist des 1993 erschienenen Romans »Ich« zu spüren bekommt: Der schreibende Arbeiter C. wird von seinen Kollegen argwöhnisch beobachtet, als er während der Arbeitszeit in einer Ecke sitzend an seinen Texten arbeitet. Die Schlussfolgerung, die sie daraus ziehen: Das Geschriebene gilt ihnen, also ist C. ein Stasispitzel.

Als Schriftsteller hervortreten hieße, *mich selbst sofort aus dem Verband der Beziehungen, der in den Arbeitsbrigaden der DDR-Betriebe notgedrungen herrschte, auszustoßen*, erklärte Hilbig in »Abriss der Kritik«. Eine Vorstellung, die für jemanden außerordentlich beklemmend war, der wusste, dass er aus dieser durch seine Herkunft vorgegebenen Situation nicht ausbrechen konnte. Andere Formen der Lebensgestaltung erschienen Hilbig utopisch und waren nicht relevant. Die Ausweglosigkeit belastete ihn offenbar sehr: *Meine Aussichten, irgendwann einmal ein Leben als Schriftsteller führen zu können, waren mir immer vollkommen realitätsfern erschienen, und dies war ein Zustand, den ich in schwachen Stunden nur schwer ertrug* (»Abriss der Kritik«).

Die Disziplin, mit der er Nacht um Nacht an seinen Texten arbeitete, spricht für sich: Hier schrieb keiner, der nur für die Schublade produzieren wollte. Die Anzeige, die Hilbig 1968 der Zeitschrift »Neue Deutsche Literatur« zuschickte, war sicher in gewisser Hinsicht ein Schelmenstück: *Welcher deutschsprachige Verlag veröffentlicht meine Gedichte? Nur ernstgemeinte Zuschriften an W. Hilbig, 7 404 Meuselwitz, Breitscheidstraße 19b.* Dass seine Texte nicht mit der offiziellen Literaturlandschaft der DDR kompatibel waren, wusste Hilbig zu diesem Zeitpunkt ganz genau. Gleichzeitig steckt dahinter aber auch der ungeheure Leidensdruck, ungehört zu sein. In dem Interview mit Günter Gaus bestätigte er das nochmals ausdrücklich, nannte es eine Perversion, als Schriftsteller nur für die Schublade zu schreiben. Sein Medium, die Sprache, ist in ihrer ursprünglichsten Form ein Verständigungsmittel. Ein Schriftsteller braucht daher einen Partner – im Idealfall den Leser, an dem er immer wieder das Geschriebene überprüfen kann. Dass die »Neue Deutsche Literatur« seine Anzeige wirklich druckte, zeugt von einer gewissen Betriebsblindheit im schnell wuchernden Dschungel der Anweisungen, wer oder was im Kulturbetrieb der DDR als ideologisch korrekt galt.

Abgesehen von den Problemen mit den staatlichen Kulturträgern und den sozialen Differenzen wurde der Versuch, beides gleichzeitig zu sein – Arbeiter und Schriftsteller – durch die schwere körperliche Arbeit im Betrieb behindert. Hilbigs Protagonisten kämpfen ständig mit einer bodenlosen Müdigkeit, die jede Wahrnehmung wie in Watte bettet, die jedes konzentrierte Festhalten eines Gedankens fast unmöglich macht. Sicher gibt es während der Arbeitszeit immer wieder Augenblicke, in denen das Schreibheft hervorgeholt wird. Auch der Feierabend und das Wochenende sind Freiräume, die für die literarische Arbeit genutzt werden können. Oft ist es aber unmöglich, die bleierne Erschöpfung der Arbeitswoche abzustreifen. Es ist, als ob die Arbeit in jede Faser des Körpers eingedrungen ist und vom Körper aus auch den Strom der Gedanken beherrscht: *Ich drifte nur noch durch Trancezustände völligen Stumpfsinns, die sich mit Phasen übernächtigter Gereiztheit abwechseln; manchmal bin ich von imaginären Geräuschen erfüllt, hohlen Pfeiftönen, einer Art Sphärenmusik, die sich in meinem Kopf nicht löschen läßt, dann wieder scheint mir der Körper in Form einer hochaufgerichteten übersensiblen Spitze im Nichts zu sitzen, das von der Welt nur noch in weiter Entfernung umkreist wird,* heißt es in »Über den Tonfall« (1977).

Die immense körperliche Beanspruchung wirkte sich auf das Schreiben aus: Das kräftezehrende Arbeiter-Dasein behinderte geradezu die Schriftstellerexistenz. *Alle Zeit vor den Feuern der Kessel* war dem schreibenden Arbeiter in »Der Brief« *verlorene Zeit*. In Hilbigs letztem Roman »Das Provisorium« (2000) äußert sich die Hauptfigur – ein ehemaliger Industriearbeiter aus der DDR, der als Schriftsteller in Westdeutschland lebt – dazu noch drastischer. Die Kesselhäuser, seine alten Arbeitsstätten, hasst er *wie Pest und Cholera zusammen*. Die Entscheidung zwischen Arbeiter- und Schriftsteller-Dasein ist eine existenzielle: auf der einen Seite *die Todeszellen der Industrie*, auf der anderen Seite *seine Texte – sein Ein-und-alles, seine einzige Überlebenschance.* Aus diesen Erschöpfungszuständen entstanden Texte, in denen Hilbig mit einer völlig klaren Sprache Bilder oder Szenen von Diffusität beschreibt. Durch die ständige Müdigkeit, die mit einem Gefühl vermischt ist, sich keinen Schlaf erlauben zu können, sinkt das Bewusstsein von Hilbigs Protagonisten in einen Zustand, in dem sie weder Arbeiter noch Schriftsteller sind, sondern ihr eigentliches Dasein führen. Es ist eine trunkene Stimmung, *wo es mir vielleicht gelungen ist, durch das Dunkel hindurchzublicken. Bis in einen Zustand vor meiner Zeit, in dem schon Stimmen und Zeichen waren, und schon von dort her an mich gerichtet* (»Über den Tonfall«).

Die Arbeiter- und die Schriftstellerexistenz sind nicht miteinander zu vereinbaren: *Diese Unvereinbarkeit stellt sich spätestens dann heraus, wenn man durch irgendeinen Zwang beides sein muss* (»Der Brief«). Die Figur, die sich in Hilbigs Texten weder eindeutig der einen noch der anderen Seite zurechnet, ist der Heizer. Der Heizer befindet sich zwischen beiden Existenzformen: *Die Heizer werden nicht als Arbeiter bezeichnet, ihre Dienste dienen der Arbeit der Arbeiter*, heißt es in »Die Arbeiter. Ein Essai« (1975). Auch das Verhältnis zu den Ingenieuren ist klar definiert: *Daß die Ingenieure seine Gegner sind, scheint dem Heizer unleugbar, jedes Hereinstecken ihrer Köpfe in seinen Keller beweist es.* In der betrieblichen und sozialen Hierarchie ist er ganz unten. Eine Gliederung, die sich auch in der räumlichen Verteilung ihrer jeweiligen Arbeitsplätze widerspiegelt. Der des Heizers ist im Keller des Betriebs. Dort stellt er nichts her. Seine Tätigkeit – das Erzeugen von Wärme – ist für die Arbeiter eine Dienstleistung und wird von ihnen geringer geschätzt als ihre eigene Arbeit. Diese Ablehnung schmerzt den Heizer sehr, weil er sich den Arbeitern näher als den Ingenieuren fühlt: *Eigentlich kann es der Heizer nicht glauben, daß die Arbeiter sich über ihn beschweren würden, eigentlich müßten ihnen die Ingenieure ferner stehen als die Heizer.*

Aber gerade weil die Arbeit des Heizers Dienstleistung ist, entzieht sich seine Person der *Ingenieurschaft in den gläsernen Kanzeln*, die das Tun der Arbeiter in den Werkhallen steuert und überwacht. Die Architektur der Fabrikhalle in »Die Arbeiter« erinnert an das in Michel Foucaults Buch »Überwachen und Strafen« beschriebene Modell eines Panoptikums – der Plan eines perfekten Gefängnisses. In der Mitte des Bauwerks steht ein Turm, aus dem der Wärter jederzeit Einblick in die rundherum angeordneten, offenen Gefängniszellen hat. Das Wissen um die permanente Überwachung verändert das Verhalten der Überwachten – nichts ist mehr authentisch. Die Arbeiter werden zu Objekten degradiert, zu Marionetten, deren einzige Aufgabe darin besteht zu produzieren. Die Aufmerksamkeit des ganzen Betriebs ist auf das Produkt, die Ware gerichtet. Der Heizer ist in diesen Mechanismus nur indirekt involviert. Während die Arbeit der Arbeiter absolut beherrscht ist durch die Sprache der Ingenieure, kann die Arbeit des Heizers *in all ihren Verrichtungen den Keim zu einer eigenen Sprache* (»Die Arbeiter«) tragen. Eine Form von Artikulation, die die

3 ARBEIT, REALISMUS, SCHREIBEN – DAS DAZWISCHEN

Elemente der Sprache der Macht umgeht. In »Ich« nannte Hilbig diese Art sich verständlich zu machen *Kellersprache*. Sie ist genauso verwinkelt und verschlungen wie die Kellerlabyrinthe unter Berlin, die C. aus dem Roman durchschweift. Die Kellersprache befindet sich im absoluten Gegensatz zu der rein äußerlich bleibenden Sprache der Macht. Deren Kennzeichen ist die inhaltliche Leere. Sie besteht aus Worthülsen oder aus endlosen bürokratischen Genetivketten, die nie zu einer Aussage kommen: *Festlegung der durchzuführenden Zersetzungsmaßnahmen auf der Grundlage der exakten Einschätzung der erreichten Ergebnisse der Bearbeitung des jeweiligen Operativen Vorgangs ...* (»Ich«)

4 Freiheit, Subkultur, Erfolg – Die Boheme

> *»Prags silhouette: ein / Hundertzahniger kamm. / Dieser anblick!*
> *Und schon / Aus meinem Pelz stieben / Die Läuse des Vaterlands.«*
> Andreas Reimann: »Frühling«

Noch einmal soll von der kleinen Stadt M. die Rede sein und von C. aus »Eine Übertragung«: Weil sein Leiden an Welt und Leben ohne Sprache bleibt, flüchtet er sich in die Literatur, sucht »Vorfahren im Geiste« und findet Arthur Rimbauds Gedicht »Die Stubenhocker«. Es erzählt von Menschen, die ihre Wahrnehmungsfähigkeit zugunsten einer vorgeschriebenen Wahrheit aufgegeben haben, und von den Folgen dieser Blendung: völlige physische und psychische Degeneration. Sie sind zu gefährlichen Monstern geworden: *Sie kriechen herum an den düstern Wänden / Wetzen daran ihre kahlen Köpfe / Bösleuchtende Blicke sind ihre Köpfe / die im dunklen Gang eure Augen blenden / Ihre Hand, sie tötet unsichtbar. Beim Kommen / Trieft ihr Auge von Gift, wie es wild / Aus dem Blick des geschlagenen Hundes quillt / Und ihr schwitzt vor Angst, die Sinne benommen*, heißt es in der Übersetzung von K. L. Ammer, die auch Hilbig kannte.

Rimbaud wurde 1854 in der französischen Kleinstadt Charleville nahe der belgischen Grenze geboren. Genau wie Hilbig hatte er seine Erfahrungen mit Grenzen gemacht, grenzenlos ist auch bei ihm nur der Raum nach innen und ebenso abgründig tief. Mézières, die Nachbarstadt Charlevilles, wurde 1871 im deutsch-französischen Krieg stark zerstört. Trümmer, Sterbende und Tote gehörten zum Erfahrungshorizont des jungen Rimbaud. Das Entstehen seiner Texte ist gekoppelt an Versehrtheit und Beschädigung, Umbruch und Schmutz.

Rimbaud beschrieb die Landschaft so wie wir sie tagtäglich vor uns sahen. Er sprach das Unverständnis der kleinstädtischen Bevölkerung gegenüber Jugendlichen an, die aus dem vorgegebenen Weg ausbrachen. Rimbaud hat uns alle geprägt, sagt der 1962 in Meuselwitz geborene Schriftsteller Tom Pohlmann, der seine erste Rimbaud-Ausgabe von Hilbig geschenkt bekam, für den um eine Generation Jüngeren quasi die Initiationsgabe, der Eintritt in eine dem städtischen »Mainstream« entgegengesetzte Kulturszene. Unter dem Einfluss der 68er Bewegung bildete sich im Meuselwitz der 70er Jahre eine lose Gruppierung junger Leute. Man hörte dieselbe Musik – Leonard Cohen, Bob Dylan, Jimi Hendrix –, beschäftigte sich mit moderner Literatur und Philosophie. Neben Tom Pohlmann waren das der Liedermacher Dieter Kalka, Lutz Nitzsche-Kornel, künstlerisches Allroundtalent und später eine Zentralfigur der subkulturellen Szene in Leipzig, der spätere Verlagslektor Volker Hanisch und viele andere, die Gedichte schrieben und ein ausgeklügeltes System entwickelten, um sich die für sie wichtigen Bücher und Schallplatten zu beschaffen. Hilbig war in dieser Szene Gleichgesinnter der Älteste. Nachdem seine literarische Bedeutung erkannt wurde, wirkte er auf die Jüngeren als Ansporn und Katalysator eigener Sehnsüchte: Da war einer, der unter den widrigsten Umständen großartige Literatur verfasste, dem immer wieder die längst fällige Veröffentlichung versagt blieb und der trotzdem weitermachte. *Ob ich dabeigeblieben wäre, wenn es ihn nicht gegeben hätte, weiß ich nicht*, sagt Dieter Kalka.

In den 70er Jahren hatte der eiserne Vorhang Falten geworfen. Unter den Augen der Kontrollbehörden gelangten vermehrt Bücher von West nach Ost, vor allem im Rahmen der Leipziger Buchmesse. Neben dem unvermeidlichen aber im Großen und Ganzen tolerierten Buchklau und dem Abschreiben der Bücher vor Ort gelangten die begehrten Druckerzeugnisse auch über die Angestellten der DDR-Verlage in die lesehungrige subkulturelle Szene. Der geistige Wert eines solchen »verbotenen« Buches war unbeschreiblich. Nachdem man vorher monatelang sehnsüchtig die Seiten eines abgewetzten Zweitausendeins-Kataloges hin- und hergeblättert hatte, schlug jedes nun realiter vorhandene Buch hohe Wellen. Weil der Gebrauch von Kopiergeräten unter staatlicher Kontrolle stand, fanden sich kleine Gruppen zusammen, die Seite für Seite abschrieben. Auf diese Weise gelangte der Gedichtband »Das Geheul« von Allen Ginsberg, ein wegweisendes Werk der Beat Generation, nach Meuselwitz.

Neben derart erworbener Literatur waren vor allem die Antiquariate eine Fundgrube für Bücher, die noch vor der Staatsgründung der DDR gedruckt und danach aus ideologischen Gründen nicht mehr aufgelegt wurden. Das Antiquariat Schnuphase in Altenburg war ein wichtiger Anlaufpunkt, ebenso die verschiedenen Papierannahmestellen, wo sich unter Zeitungsstößen manchmal wahre Schätze fanden. Die Bücher gingen von Hand zu Hand, wurden von jedem gelesen. Innerhalb der subkulturellen Szene entstand so ein gemeinsamer Lektürehorizont.

I MEUSELWITZ UND LEIPZIG, 1941–1985

Eine wichtige Identifikationsfigur für die Szene war Bob Dylan. Das Interesse an ihm bezog sich nicht nur auf seine Musik. Dylan hatte genau wie Rimbaud mit seiner persönlichen Lebensgeschichte für die Meuselwitzer Symbolcharakter. Er wurde 1941 im amerikanischen Duluth, Minnesota, geboren und wuchs im einhundert Kilometer entfernten Hibbing auf. Hibbing lag unmittelbar an einer der größten Eisenerzgruben der Welt, die im Tagebau betrieben werden konnten. Innerhalb weniger Jahrzehnte verwandelte sich die ehemals waldreiche Gegend in eine mit Kratern übersäte Mondlandschaft. Als man nach dem Ersten Weltkrieg unter dem Stadtzentrum immense Erzvorkommen fand, wurde Hibbing Haus für Haus auf Rollvorrichtungen gesetzt und zog anderthalb Meilen nach Süden um.

Ein derartiger Einschnitt in die räumliche Struktur einer Gemeinschaft bleibt für die Kollektivseele nicht folgenlos. Nichts ist mehr fest oder dauerhaft. Je unsicherer aber das Außen, umso energischer beharrt man auf althergebrachte innere Strukturen. Eine Fernsehproduzentin, die zur selben Zeit wie Dylan in Minnesota aufgewachsen war, beschrieb die dort herrschende Mentalität: *Es ist erstaunlich, daß Bob aus so einer dumpfen Gegend kommen konnte, denn das genau ist man dort: engstirnig, jeder hat die gleichen Ansichten, und von den Kids wird erwartet, daß sie genauso denken wie die Eltern und sich genauso aufführen.** Ob Hilbig diese Fakten über Dylan kannte oder nicht lässt sich nicht nachvollziehen. Texte – in diesem Fall Songtexte – transportieren Wissen in ihrer eigenen Form und Hilbig als manischer Leser war fähig, Untertöne wahrzunehmen. Ständig bat er Freunde und Bekannte, ihm, der selbst kein Englisch sprach, Bob-Dylan-Texte zu übersetzen.

Mitte der 70er Jahre lichteten sich die Reihen der subkulturellen Szene in Meuselwitz immer mehr. Lutz Nitzsche-Kornel, Dieter Kalka, Volker Hanisch, später auch Tom Pohlmann begannen zu studieren und brachen in die Großstadt Leipzig auf. Für sie zeigte sich ein schmaler Lichtstreif am Ende des Tunnels, eine Möglichkeit, aus der Ödnis des vorgegebenen Daseins auszubrechen. Das gab es für Hilbig nicht. Er blieb Heizer und in einer schier hoffnungslosen Situation gefangen.

Die Region Leipzig galt als das eigentliche Zentrum der DDR-Industrie, geprägt von den Tagebaukratern vor den Toren der Stadt und den rauchenden Schloten der Chemiebetriebe in Bitterfeld und Leuna. Es schien

---

* in: Gottfried Blumenstein: Mr. Tambourine man. Leben und Musik von Bob Dylan, Berlin 1991, S. 15

nur folgerichtig, dass die Stadt als organisatorisches Zentrum der Bewegung »Schreibender Arbeiter« – hervorgegangen aus der 1. Bitterfelder Konferenz 1959 – auserkoren wurde. In Leipzig befand sich das »Zentralhaus für Kulturarbeit«, das die republikweite Koordinierung der Zirkel übernahm. Neben der staatskonformen Förderung der Laienkunst verortete das 1955 gegründete und 1959 nach Johannes R. Becher benannte Literaturinstitut auch die Hochliteratur in der Stadt. Mit dem Zusammentreffen von Kultur und ideologisch hofierter Industriearbeit schien Leipzig die idealen Versuchsbedingungen für das Entstehen einer neuen sozialistischen Gemeinschaft zu bieten. Doch je heller das Licht der staatlichen Ideologie strahlte, desto tiefer und länger wurden die Schatten an dessen Rändern.

In den Abrissvierteln von Leipzig-Lindenau und Leipzig-Connewitz entwickelte sich eine der offiziellen Kultur gegenläufige Bewegung, die in den 70er und 80er Jahren eine Alternative zu den normierten Angeboten der SED-Kulturpolitik schuf. Im Gewirr der halb zerfallenen Häuser verloren die kommunalen Wohnungsverwaltungen und die Polizei-Meldestellen den Überblick. Freistehender Wohnraum wurde illegal oder halb-illegal in Besitz genommen. Es entstanden topografische Nischen, die Platz und Abgeschiedenheit boten, um selbstbestimmte Lebensentwürfe auszuprobieren. Nach seinem Pädagogikstudium stieg Lutz Nitzsche-Kornel nicht die vorgegebene Laufbahn ein, sondern übernahm einen Hausmeisterposten. Die dazugehörige Fünf-Zimmer-Wohnung in der Rosa-Luxemburg-Straße 4 diente als Proberaum seiner Band, Lese- und Performancebühne. Nitzsche-Kornel gewährte jedem Unterschlupf, der einen benötigte. So quartierte sich etwa Adolf Endler einige Monate bei ihm ein. Die Wohnung in der Rosa-Luxemburg-Straße avancierte zur gefragten Kommune. Das entstehende Platz-Problem löste Nitzsche-Kornel auf recht unorthodoxe Weise: Die Wand zur leer stehenden Nachbarwohnung wurde irgendwann einfach eingerissen.

Ab dem Sommer 1976 fanden in Nitzsche-Kornels Wohnung die sogenannten Montagstreffs statt. Lehrlinge, Studenten, Schüler und andere Gleichgesinnte trafen sich bis Ende der siebziger Jahre beinahe wöchentlich zu Theaterevents, Diskussions- und Lesekreisen. Neben den Meuselwitzer Freunden trafen sich hier die Lyriker Bernd (später: Jayne-Ann) Igel und Thomas Böhme. Auch der spätere Literaturwissenschaftler Peter Geist gehörte zur Stammbelegschaft und natürlich Wolfgang Hilbig. Der erschien nur unregelmäßig, denn immer noch wohnte er in Meuselwitz und arbeitete im Schichtbetrieb. Der Weg in das etwa eine Stunde entfernte Leipzig, mit Bus und Zug zu bewältigen, war lang. Dennoch hielt sich Hilbig häufig in dem Kreis um Nitzsche-Kornel auf und reizte seinen Aufenthalt in Leipzig bis zum Äußersten aus. Die Abfahrtszeiten des ersten Zuges in Richtung Meuselwitz brannten sich ihm auf ewig ins Gedächtnis. Für Hilbig ein magischer Zeitpunkt, den er auf keinen Fall verpassen durfte, hieße das doch, im Betrieb den Schichtwechsel zu versäumen. Oft kam er am Freitagnachmittag nach Leipzig, war das ganze Wochenende unterwegs – Literatur, Theater, Kunst, Kneipe – und fuhr, je nachdem wie seine Arbeitszeiten waren, von Leipzig aus am Sonntagabend zur Nachtschicht oder Montagmorgen zur Frühschicht in den Betrieb: *Oder es fuhr ab Plagwitz die erste Bahn nach um vier ... oder 3 Uhr 40, 3 Uhr 44; man konnte in Pegau in den Bus umsteigen, der voll besetzt war von unausgeschlafenen Arbeitern – sie hatten immerhin versucht auszuschlafen –, und man kam zusammen mit ihnen, noch zur rechten Zeit in den Betrieb*, schreibt Hilbig im Nachwort des Plagwitz-Fotobandes von Peter Thieme. Hilbigs Anspruch, den beiden widerstreitenden Seiten in seinem Leben Genüge zu tun, erwies sich als äußerst kräftezehrend. Zudem war Hilbig zu sehr in den Konventionen der Arbeiter-Mentalität verstrickt: Wenn Gedichte nackt von einer Leiter herunter rezitiert wurden oder Jimi Hendrix' Version der amerikanischen Nationalhymne durch die Wohnung dröhnte, betrachtete er das bunte und zügellose Treiben beinah schockiert. Dennoch war er dabei, als die Gruppe nach Westewitz-Hohenweitzschen bei Döbeln fuhr, um unter dem Motto »Schrei's raus« Theater zu spielen.

Neben dem Kreis um Nitzsche-Kornel hatte Hilbig in Leipzig noch mit der Gruppe um Gert Neumann engeren Kontakt. Er hatte Neumann während des Werkstattseminars kennengelernt, auf das ihn der Zirkel schreibender Eisenbahner kurz vor dem XI. Plenum 1965 geschickt hatte. Danach verloren sie sich aus den Augen und begegneten sich erst in Leipzig wieder. In dem Schreibzirkel bei Manfred Künne traf Hilbig Siegmar Faust, der wiederum mit Neumann bis zu ihrer gemeinsamen Exmatrikulation im Frühjahr 1968 am Literaturinstitut studierte. Die erste größere Aktion dieser Gruppe war die legendäre Motorbootlesung auf dem Leipziger Elster-Stausee. Faust nahm nach seiner Exmatrikulation eine Stelle als Motorbootfahrergehilfe an. Schnell hatte er auf dem Schiff freie Hand und übernachtete sogar zuweilen dort. Die Abgeschiedenheit des alten Ausflugsdampfers, der weit ab von allen Ufern in der Mitte des Sees dümpelte, ließ in Faust die Idee keimen, hier eine Lesung neuer, offiziell nicht geduldeter Literatur zu veranstalten. Durch Flüsterpropaganda kamen am 26. Juni 1968 ungefähr

30 junge Leute zusammen, darunter Wolfgang Hilbig. Neumann hatte darauf bestanden ihn einzuladen. In einem Interview, das er 2004 im Rahmen einer Ausstellung über die Motorbootlesung gab, erklärte er, warum: *Und ich glaube, ich habe Wolfgang Hilbig eingeladen, weil ich von dem sehr viel hielt. Er kam ja aus der Arbeiterklasse (...) Und für mich war ja – und das ist bis heute ungeklärt – sehr faszinierend, woher diese Sprache, die in seinen Gedichten ankam, woher die eigentlich kommen kann (...) Ich habe mich gefragt, wo kommt das her, was ist das. Aus solchen Gründen habe ich den eingeladen, weil der ja diesen intellektuellen Leuten als jemand Ursprünglicher gegenüberstand.** Zu den Akteuren des Abends gehörten neben Hilbig, Neumann, Neumanns Frau Heidemarie Härtl und Faust, auch der Maler Dietrich Gnüchtel, der Kabarettist Bernd-Lutz Lange und der Lyriker Andreas Reimann. *Steif und sternackig* habe Hilbig an diesen Abend da gesessen, *unbeholfen und verklemmt* gewirkt, wird berichtet – *so ein Antipoet vom Typ her*. Doch seine Texte faszinierten derart, dass der größte Teil der Zeit auf sie verwendet wurde. Eine typische Reaktion, wie sie Hilbig noch oft in seinem Leben erfuhr: Sein völlig unprätentiöser Habitus schien nicht zu den hochpoetischen Texten zu passen. In seiner Person prallten die Gegensätze aneinander.

Im selben Sommer verreiste Hilbig mit Neumann das erste Mal nach Mecklenburg auf das Wochenendgrundstück von dessen Mutter, der parteinahen Schriftstellerin Margarete Neumann. In den folgenden Jahren war er immer wieder dort, um in Ruhe zu schreiben – teilweise mit Neumann, aber auch ohne ihn. Am deutlichsten schlägt sich dieser Aufenthalt in der Erzählung »Bungalows« (1968) nieder, in der ein namenlos bleibender Protagonist hinter der Idylle einer Bungalowsiedlung die ehemaligen Bewohner dieses Landstrichs heraufsteigen sieht. In einer ungenannten Vergangenheit wurden sie von hier vertrieben und kehren nun als Gespenster zurück, unter deren herannahenden Schritten die Erde bebt. Auch in diesem veränderten Sujet blieb Hilbig seinen Motiven treu: die Schrecken der Vergangenheit, der Umgang mit den Opfern der Geschichte und deren Rache an der Gegenwart.

Ging Hilbig während dieser Zeit in der Bungalowsiedlung das Geld aus, heuerte er in einer nahegelegenen Ausflugsgaststätte als Abräumer an. Hilfsarbeiter-Jobs waren immer und überall zu bekommen. Das Geld,

---

* in: »gegen den strom«. Ein Stück originärer Leipziger Literaturgeschichte aus dem Jahre 1968, Leipzig 2004, S. 21.

das er dort verdiente, reichte völlig aus, um seinen genügsamen Lebensstil zu finanzieren. Als viele Jahre später Günter Gaus den nun schon fest im Kulturbetrieb etablierten Schriftsteller fragte, was er als Luxus empfinde, sah man auf dem Bildschirm einen sichtlich um eine Antwort ringenden Wolfgang Hilbig. Jahrelang war für ihn der größte Luxus die Zeit gewesen, in der er schreiben konnte. Nachdem ihm Zeit nun reichlich zur Verfügung stand, war die Frage nach Luxus gegenstandslos geworden. *Luxus empfinde ich eher als störend*, antwortete er Gaus – wahrscheinlich wie alles, was ihn vom Schreiben abhielt oder ablenkte. Er habe kein Auto, nicht mal ein Fahrrad, sagte Hilbig, schwieg und hielt die Frage damit für beendet. Gaus ließ aber nicht locker und wollte ihn in eine bestimmte Richtung drängen. Auf seine Nachfrage: *Muss der Wein, den Wolfgang Hilbig trinkt gut sein*, bekam er eine für Hilbig typische Antwort: Er habe zu lange DDR-Fusel getrunken, der seinen Geschmack verdorben habe. Deshalb könne er nicht mehr entscheiden, ob der Wein, den er trinke, gut oder schlecht sei. Hilbig ließ sich keine Antwort und keine Meinung aufdrängen.

Gert Neumann, der nach seiner Exmatrikulation das vom Literaturinstitut bezahlte Zimmer verlor, schlug sein Domizil in einem der verfallenen Altbauhäuser auf. In der Junghanßstraße 4 im Leipziger Stadtteil Leutzsch gründete er zusammen mit seiner Frau Heidemarie Härtl, Faust, Hilbig, den Malern Dietrich Gnüchtel und Michael Flade eine kleine Künstlerkommune. Zeitweise quartierten sich auch die Lyriker Kristian Pech, Odwin Quast und Andreas Reimann hier ein sowie der Schriftsteller und Mathematiker Manfred May. Die Zeit und das Zusammenleben im oberen Stockwerk des alten Hauses, *in der noch bewohnbaren Hälfte der Dachetage, die zur Straße hinausging*, beschreibt Hilbig in der 1994 entstandenen Erzählung »Versuch über Katzen«, die er der 1993 gestorbenen Heidemarie Härtl widmete: *während wir also ganz oben hausten, zwischen den schrägen Wänden bautechnischer Absurditäten, die von einem noch absurder wirkenden Kreuzgeflecht freiliegender Balken in fragwürdige Stabilität versetzt wurden, in einem Labyrinth winziger Kammern mit winzigen Fenstern, aus denen man über den Rand des rotschwarzen Dachs hinab in eine enge verschlammte Schlucht blickte, in die Junghanßstraße, die eine baumlose Industriestraße mit langen Reihen von Gießereigebäuden war.*

Das Labyrinthische des Hauses, seine fragwürdige Stabilität und ästhetische Absurdität, spiegelt sich im Leben der Bewohner wider. Die untere Etage und der Keller sind das Reich von Frau Müller und einer ungezählten Schar Katzen. Längst ist die alte Frau nicht mehr die Legatin oder

Wahlmutter des Katzenvolkes. Die Katzen sind in ihre Wildheit, in ihr prädomestiziertes Dasein zurückgekehrt und haben Frau Müller, die vergeblich versuchte, sie zu zähmen, mit sich genommen: *Ihr kleines runzliges Gesicht hatte sich sehr bald den Katzengesichtern angeglichen oder sich vielmehr zu einem solchen zurückgebildet; immer offenkundiger war in der kurzen Zeit, in der wir sie kannten, die untere Hälfte ihres Kopfes zu einer kleinen nuscheligen Katzenschnauze degeneriert.* Menschliche Artikulationsformen hat Frau Müller, die *ihr Lebtag ausschließlich mit Katzen kommunizierte*, verloren. Sie ist zu einem Zwischenwesen mutiert: halb Katze, halb Mensch. Die menschliche Sprache hat Frau Müller verloren, die Sprache der Katzen bleibt ihr in letzter Konsequenz verschlossen. In endlosen nächtlichen Suaden versucht sie, zu deren ungezügeltem Wesen durchzudringen. Vergeblich, es bleibt ein »Versuch über Katzen«.

Dem absurden Geschehen in der unteren Etage steht das Leben der kleinen Künstlerkommune im Dachgeschoss gegenüber, die am Anfang des Winters auf *den sogenannten harten Kern* von drei Leuten zusammengeschrumpft war: Der Ich-Erzähler, der *spiritus rector* genannte Gründer der Kommune und dessen Freundin. Die erhoffte Anerkennung durch den Kulturbetrieb bleibt aus. Wenn kleinere Texte in die Welt außerhalb der Junghanßstraße 4 dringen und veröffentlicht werden, ist die Kritik vernichtend – eine Ächtung, aus der die Gemeinschaft ihre Schaffenskraft zieht: *Doch war die Kritik dieser Werke schlecht gewesen, worauf wir uns in unserer Gesamtheit von der Gesellschaft geächtet fühlten, was uns zur Ehre gereichte. Und wir wollten nicht aufhören, diese Ächtung wortreich zu untermalen.* Das Geld ist knapp. Dennoch: *Der harte Kern freilich war entschlossen zu bleiben, sollte es auch notwendig werden, dem Tod ins Auge zu blicken*, ironisiert der Ich-Erzähler aus der zeitlichen Distanz heraus den jugendlichen Idealismus.

Zwischen ihm und den anderen Mitgliedern der Gruppe besteht eine Distanz, obwohl es dem äußeren Anschein nach nichts gibt, was ihn von den anderen unterscheidet. Es ist seine Herkunft: Er war derjenige aus der Gemeinschaft, der kaum einmal Beziehungen zur Schicht der Intelligenz unterhalten hatte, eigentlich noch nie, wenn man von seinem Dasein in diesem Kreis absah. Als in der Gruppe die Vereinbarung getroffen wird, dass wechselweise ein Mitglied sich Arbeit suchen soll, um das primäre Überleben der anderen zu sichern, ist es schnell beschlossene Sache, dass der Anfang bei ihm liegt: *Die Aussicht, wieder einer Lohnarbeit nachgehen zu müssen, deprimierte mich, obwohl es nur vorübergehend sein sollte; dergleichen Tätigkeiten hatten mich stets abgestoßen, mehr als jeden anderen von uns, aufgrund meiner schon erwähnten Erfahrung damit.* Die Reaktion der anderen macht ihn nachdenklich. Reichte das gemeinsame Interesse für Literatur und Kunst, die gleiche Lebenseinstellung nicht aus, um den Ich-Erzähler zu einem vollwertigem Mitglied der Gruppe werden zu lassen? Die Antwort lautet: *Ich für meinen Teil wußte nicht, ob ich mich zu diesem Kern zählen durfte.*

Von Januar 1977 bis 1978 initiierte Gert Neumann in Leipzig eine Lesereihe an wechselnden Orten. Er lud Autoren und Herausgeber in die Fachschule für Bibliothekswesen, zu sich nach Hause oder in andere Privatwohnungen ein. In erster Linie wollte man sich über Texte verständigen, die nach der Biermann-Ausbürgerung nicht mehr veröffentlicht werden konnten oder deren Erscheinen auf unbestimmte Zeit verschoben worden war. Auch Hilbig war ein paar Mal in diesem Literaturkreis um Neumann, Heidemarie Härtl, Peter Brasch, Roland Erb und Christoph Unger zu Gast. Der Ton um Neumann und Brasch war sehr viel stärker politisch ausgerichtet als in dem Kreis von Nitzsche-Kornel.

Vor allem Neumann trug sich mit reformsozialistischem Gedankengut. Durch seinen familiären Hintergrund bedingt, war er in frühen Jahren in die SED eingetreten und im Zuge seiner Exmatrikulation ausgeschlossen worden. Nach dem unfreiwilligen Ausscheiden aus dem Literaturinstitut arbeitete Neumann als Schlosser in einem Leipziger Kaufhaus. Als Sohn einer Intellektuellen war er nun Arbeiter unter Arbeitern. Die Arbeitswelt, in die er eintauchte, nahm er aber immer noch mit den Augen des Intellektuellen wahr. Unter dem Eindruck der Arbeiterproteste in Polen und dem Vorabdruck von Rudolf Bahros »Die Alternative« im Spiegel glaubte Neumann, dass die Erneuerung des Sozialismus von den Arbeitern ausgehen würde. In der Arbeiterschaft der DDR herrschten aber andere Bedingungen als in der polnischen. Darüber geriet er oft mit Hilbig in Streit. Hilbig mit seinem Arbeiter-Hintergrund hatte die desaströsen Zustände an der Produktionsfront jahrelang erlebt. Mit diesem Wissen hielt er Neumanns beharrliches Festhalten an den sozialistischen Idealen für völlig unrealistisch: *Sucht ihr erstmal die Schrauben aus dem Sand raus, ... dann wißt ihr, wie das aussieht, in Leuna oder so,* hielt er Brasch und Neumann vor.* Hilbig fühlte sich unverstanden: *Ich gehörte nicht dazu, das war meine Empfindung, weil ich da als Außenseiter herumsaß.*

---

*   Grundmann, Uta; Klaus Michael und Susanna Seufert (Hrsg.): Einübung der Außenspur, Leipzig 1996, S. 135.

Bei Lutz Nitzsche-Kornel herrschte dagegen eine von der Spaßguerilla um Fritz Teufel geprägte Mentalität. Das zeigte sich besonders im Umgang mit dem Thema »Stasi«. Da die Wohnung in der Rosa-Luxemburgstraße für jeden offen stand, kamen und gingen auch die IMs. Irgendetwas Konkretes zu protokollieren war jedoch schwierig: Das bunte Treiben in der Wohnung Nitzsche-Kornels passte in kein Schema, war nicht im Feindbild-Katalog der Stasi zu verorten. Natürlich wurden verbotene Gedichte und Texte abgeschrieben und verbreitet, Biermann-Lieder gingen von Hand zu Hand, aber nach dem eigentlichen ideologischen Hintergrund suchte die Stasi vergeblich. Doch genau darauf kam es an: Mit den Happenings in der Rosa-Luxemburg-Straße sollte ein Freiraum geschaffen werden, in dem Regeln außer Kraft gesetzt waren und neue selbstbestimmte Lebensformen ausprobiert werden konnten. Man wollte das Spiel der Stasi nicht mehr mitspielen. Am besten funktionierte das, indem man sie einfach ignorierte oder sich über ihre vermeintliche Anwesenheit lustig machte. Lutz Nitzsche-Kornel lud jeden, der kam, zum Bier ein und fragte ganz direkt, nachdem das zehnte konsumiert war: *Bist wohl bei der Stasi?* Ohne eine Antwort abzuwarten, klopfte er dem verblüfften Gegenüber auf den Rücken und meinte: *Kannst trotzdem bleiben.* Das Ironische dieser Aktion nahmen die IMs meistens nicht wahr. Nachweislich haben zwei der geheimen Zuträger ihren Führungsoffizieren gemeldet, dass sie sich von Nitzsche-Kornel dekonspiriert fühlen. Politische Relevanz hatte aber auch dieser Kreis, allein dadurch, dass sich seine Mitglieder dem Anpassungsdruck der DDR-Gesellschaft weitgehend entzogen.

Eine wichtige Plattform der subkulturellen Szene in Leipzig waren die seit den 70er Jahren selbstverlegten Zeitschriften »Laternenmann«, »Anschlag«, »Zweite Person«, »Glasnot«, »Messitsch« und »Sno' Boy«. Natürlich war die Reichweite dieser Blätter wegen der geringen Auflagenzahl begrenzt. Bedeutung erlangten sie als persönliche Legitimation einer offiziell nicht wahrgenommen Kunst- und Literaturszene. Vor allem in den Anfangsjahren gab es bei den aufgenommenen Texten so gut wie keine Beschränkungen, was dem künstlerischen Niveau der Zeitschriften nicht immer gut tat. Dieselbe Überlegung hielt Hilbig von der Mitarbeit an diesen Blättern ab. In einem Brief an die Herausgeber des »Anschlag« lobt er 1984 die Gestaltung des Blattes und die Idee, die dahinter stand: *Aber ich kann in diesem ersten Versuch leider keinen Text finden, der meines Erachtens ein weitergehendes Interesse, als das des Selbstgenügens des Autors, verdient. (...) Glaubt mir, ich will und kann nicht mitmachen, weil ich die Konzeption* so *für von Grund auf verfehlt halte. Wenn ich das zweite Heft vor die Augen kriegen sollte, und ich sehe etwas anderes, dann reden wir weiter.**

Als Hilbig das 1984 schrieb, war er für die Mitglieder der subkulturellen Szene in Leipzig schon eine Legende. Einer aus ihren Reihen, der plötzlich aus dem Nichts heraus einen Gedichtband bei einem renommierten westdeutschen Verlag veröffentlichen konnte. Auch jetzt war Hilbig wieder die Symbolfigur des Und-es-geht-doch! Sein Beispiel machte Mut und gab Hoffnung.

Als Siegmar Faust 1976 ausreisen musste, hatte er auch Gedichte seines Freundes Wolfgang Hilbig im Gepäck. Ohne das dieser etwas davon wusste, konnte er sie in einer Anthologie veröffentlichen, die von Wilfried Ahrens herausgegeben wurde. »Hilferufe von drüben. Die DDR vertreibt ihre Kinder«, erschien 1978. Im selben Jahr druckte die von Carola Stern, Heinrich Böll und Günter Grass herausgegebene Zeitschrift L'76 einen Essay Fausts, in dem er Hilbig erstmals dem westdeutschen Publikum vorstellte. Dem Essay selbst sind sieben Gedichte Hilbigs angehängt. Faust war es auch, der das Schicksal Hilbigs Karl Corino vom Hessischen Rundfunk nahebrachte. Corino, der seit den 70er Jahren als Kenner der DDR-Kultur und -Literatur galt, besuchte Hilbig und Neumann daraufhin in Leipzig. In seiner vom Hessischen Rundfunk ausgestrahlten Reihe »Transit« sendete Corino im Herbst 1977 zehn Gedichte und ein Gespräch mit Wolfgang Hilbig, beides während der Buchmesse in Leipzig aufgenommen. Er stellte auch den Kontakt zum S. Fischer Verlag her. Ende Dezember 1977 schickte Hilbig die ersten 38 Gedichte an seinen späteren Lektor Thomas Beckermann. Den zweiten Teil des Manuskripts wollte er im darauf folgenden Frühjahr zur Buchmesse persönlich an Beckermann abliefern. Die Übergabe des Manuskripts, damals noch mit dem Arbeitstitel »gegen den strom«, geriet dann in einer für Hilbig typischen Art recht chaotisch: Am Abend vorher hatte er in der Wohnung Nitzsche-Kornels daraus vorgelesen und dazu reichlich Rotwein getrunken. Am Morgen danach suchte er es hektisch und rief: *Das wurde von der Stasi geklaut. Die sind überall* (Interview mit Lutz Nitzsche-Kornel). Gemeinsam mit Lutz Nitzsche-Kornel ging er die Ereignisse des letzten Abends durch und fand das Manuskript schließlich unter dem Reisstrohteppich des als Bücherzimmer genutzten Raumes. Im trunkenen Zustand schien es wohl das sicherste Versteck gewesen zu sein, jetzt war es

---

*   Grundmann, Uta (Hrsg.): Revolution im geschlossenen Raum. Die andere Kultur in Leipzig 1970–1990, Leipzig 2002, S. 144 ff.

allerdings ein mit Rotweinflecken und Dreckspuren übersäter Stoß loser Papiere. Damit in der Tasche, marschierte Hilbig erleichtert und bei bester Laune zum Messehaus am Markt.

Der Zustand des Manuskripts war für Fischer jedoch nicht der ausschlaggebende Punkt, sondern die Qualität seiner Gedichte, die im August 1979 unter dem Titel »abwesenheit« veröffentlicht wurden. Im selben Jahr erschien bei Fischer auch von Gert Neumann ein Band mit Erzählungen, »Die Schuld der Worte«. Sein Debüt bei Fischer war für Hilbig der Durchbruch. Fortan wurde er gehört. Auf seine Texte gab es eine Resonanz. Für ihn eine kaum zu ermessene Bestätigung auf dem Weg, sich selbst als Schriftsteller anzunehmen. Hilbigs Bücher erschienen bis auf wenige Ausnahmen alle bei Fischer. Sein Leben lang war Hilbig dem Verlag für diese erste, so lange ersehnte Veröffentlichung dankbar und fühlte sich ihm daher auch emotional verpflichtet. Die Bindung war beiderseits sehr eng. Während der ersten Jahre in Westdeutschland wurde sein Lektor Thomas Beckermann zu einer der wichtigsten Bezugspersonen.

Neben vielen positiven Reaktionen, die aus dem westdeutschen Literaturbetrieb und aus der subkulturellen Szene kamen, nahm die DDR-Bürokratie »abwesenheit« zum Anlass, um ihre Macht zu demonstrieren. Seit 1965 gab es in der DDR-Gesetzgebung den Passus, dass ein Autor, der sein Buch in einem westlichen Land zum Druck bringen wollte, das Manuskript erst einem DDR-Verlag anbieten musste. Dessen zumeist negative Entscheidung und das Manuskript selbst waren dem Büro für Urheberrechte vorzulegen, welches beides wiederum prüfte und über die Abdruckrechte im Ausland entschied. Umging ein Autor dieses zeit- und nervenraubende Procedere, bekam er spätestens dann Probleme, wenn er die von dem westdeutschen Verlag gezahlten Honorare annahm, ohne sie über das Büro für Urheberrechte transferieren zu lassen. Dazu war er aber immer dann verpflichtet, wenn die Behörde ihm für das westdeutsche Ausland keine Druckgenehmigung erteilt hatte. Die Strafen, die das Gesetz gegen Devisenvergehen bei Verstößen vorsah, konnten erheblich sein und wurden seit 1979 rigoros durchgesetzt: Robert Havemann wurde im Mai 1979 zu einer Geldstrafe von 10 000 Mark verurteilt, Stefan Heym sollte für den nichtgenehmigten Druck seines Romans »Collin« 9 000 Mark zahlen und schließlich bekam auch Wolfgang Hilbig für die Publikation von »abwesenheit« im Westen eine Strafe von 2 000 Mark. Einen Teil der Summe bezahlte er mit dem Geld, das er als Haftentschädigung für seinen zweimonatigen Gefängnisaufenthalt erhalten hatte, den anderen Teil sammelten befreundete Autoren für ihn.

Nach dem Scheitern seiner Beziehung zu Margret Franzlik kehrte Hilbig im Sommer 1982 nach Leipzig zurück. Es war auch eine Rückkehr in ein festes soziales Umfeld, welches es so in Berlin nicht gegeben hatte. Hier in Leipzig waren die alten Weggefährten, die einen ähnlichen Erfahrungshintergrund hatten wie er. Hier befand sich in unmittelbarer Nähe Meuselwitz, der geliebte und gehasste Heimatort, der produktive Stachel in seinem Fleisch. Im selben Jahr machte Volker Hanisch ihn mit Silvia Morawetz bekannt, die an ihrer Doktorarbeit in Anglistik schrieb. Hilbig fühlte sich zu Frauen hingezogen, zu denen er eine intellektuelle Nähe herstellen konnte. Emotionale Nähe hingegen zu zeigen oder gar auszuleben schien für ihn ein ständiger Kampf gewesen zu sein. C. aus »Eine Übertragung« gesteht sich ein: *jeden Menschen, der mir im Leben einmal nahegerückt war, hatte ich über kurz oder lang im Trümmerhaufen dieser Nähe zurückgelassen.*

In Silvia Morawetz fand er diese intellektuelle Partnerin. Fasziniert saß er im Publikum, als sie mit großer Selbstsicherheit im Jugendclubhaus in der Steinstraße einen Vortrag über Henry Miller hielt. Nicht lange nach der ersten Begegnung zog Hilbig, der bis dahin keinen festen Wohnsitz in Leipzig gehabt hatte, in ihre Wohnung in der Spittastraße 19. Drei Jahre zuvor hatte Silvia Morawetz die nicht einmal 40 Quadratmeter große Wohnung aus einer Notsituation heraus besetzt und erhielt nach langem Hin und Her des zuständigen Wohnungsamtes die Genehmigung zu bleiben. In dem kaum 20 Quadratmeter großen Wohnzimmer hatte sie sich mühsam einen Arbeitsplatz eingerichtet. Als Hilbig zu ihr zog, quetschten die beiden noch einen weiteren Schreibtisch dazwischen. In Leipzig suchte sich Hilbig keine neue Arbeitsstelle, bei seiner genügsamen Lebensweise konnte er jetzt von den Honoraren seiner Bücher leben: Bei Fischer waren »abwesenheit« und »Unterm Neomond« erschienen, Reclam veröffentliche »stimme stimme«. Hinzu kamen kleinere Beiträge in der »Neuen Rundschau«.

Seine Schreibgewohnheiten, die im Zusammenspiel mit den Jobs als Heizer entstanden waren, behielt er bei. Hilbig schrieb nachts, in dem kleinen Wohnzimmer von Silvia Morawetz sitzend, mit dem Bleistiftstummel in der Hand, genau wie einige Jahre zuvor am Küchentisch seiner Mutter. Bedingt durch die drückende Enge der Wohnung, aber auch durch Hilbigs Schreibgewohnheiten, lebten die beiden ein völlig umschichtiges Leben. Während Silvia Morawetz tagsüber auf war und arbeitete, schlief Hilbig oder war unterwegs. Wenn sie abends zu Bett ging, fing er an zu schreiben, oft bis 7 Uhr morgens. Stand Silvia Morawetz dann auf, um sich erneut an ihren Arbeitsplatz zu setzen, hing der Qualm von 60 nächtlichen Zigaretten im Raum, in dessen Nebelschwaden Hilbig seine Texte verfasst hatte.

Hilbig konnte jetzt zwar veröffentlichen und es gab eine öffentliche Reaktion auf seine Texte, aber jeder Publikation ging ein zermürbender Kampf mit den DDR-Behörden voraus. Durch die ständige Konfrontation mit den »Stubenhockern« und die Angriffe auf ihn und seine Texte erschien Hilbig der Gedanke an eine Ausreise nach Westdeutschland immer verlockender. 1983 beehrte die Stadt Hanau den ostdeutschen Schriftsteller Wolfgang Hilbig mit der erstmaligen Vergabe des Brüder-Grimm-Preises. Für diese erste Reise nach Westdeutschland musste Hilbig neben der normalen Reiseerlaubnis einen Reisepass beantragen, den er nicht besaß. Der stellvertretende Minister für Kultur, Klaus Höpcke, entschied persönlich über die Genehmigungsgesuche der Autoren für Reisen nach Westdeutschland. In Hilbigs Fall zog sich das Verfahren schier endlos hin. Als der Termin für die Preisverleihung bis auf wenige Tage herangerückt war und es noch immer keine Reaktion von Höpcke gab, schienen Hilbigs Bemühungen im Sande verlaufen zu sein. Frustriert fuhr er für ein paar Tage nach Meuselwitz zu seiner Mutter. Kaum hatte er das Haus verlassen, fand Silvia Morawetz den Bescheid des Ministeriums im Briefkasten, mit der Aufforderung die vorliegenden Papiere bis zum Mittag des folgenden Tages in Berlin abzuholen. Fast hätte Höpckes Verzögerungstaktik Erfolg gehabt, aber Silvia Morawetz setzte sich in den nächsten Zug nach Meuselwitz und fuhr Hilbig hinterher, so dass dieser wiederum am anderen Morgen mit dem ersten Zug nach Berlin fahren konnte, um die Papiere doch noch rechtzeitig abzuholen. Bedeutung gewinnt diese Episode in »Das Provisorium«. Dort ist es der Schriftsteller C., dessen Leipziger Freundin ihm hinterherreist. Auch C. erreicht in letzter Minute das Büro des Ministeriums und kann seine Reisepapiere in Empfang nehmen. Für ihn der Beginn einer rastlosen Reise zwischen verschiedenen Städten in zwei sich feindlich gegenüberstehenden Ländern.

Stolz und aufgeregt überquerte Hilbig die deutsch-deutsche Grenze. Kaum angekommen, geriet er in die Maschinerie des westdeutschen Kulturbetriebs und war vollkommen überfordert. Die ganze Reise über freute er sich auf eine Buchhandlung, in der er endlich die Literatur kaufen konnte, die es in der DDR nicht gab. Doch stattdessen war er ständig von Würdenträgern umgeben, die an ihm zogen und zerrten. Er flüchtete und bekam die Bücher, die er haben wollte. Mit diesem Berg westlicher Literatur im Gepäck würde er niemals die Grenze passieren dürfen. Was also tun? Hilbig füllte mit ihnen zwei Koffer und schickte sie an Franz Fühmann, bei dem sie auch problemlos ankamen. Zurück in Leipzig machen ihn die Bücher zu einem gefragten Mann. Der Preis und das Preisgeld gerieten dabei fast zur Nebensache.

Wichtiger Initiator für die Preisverleihung war Karl Corino, der Hilbig den Juroren vorgeschlagen hatte – immer die Tatsache im Blick, dass die Verleihung eines westdeutschen Preises an einen ostdeutschen Schriftsteller neben der ideellen Bedeutung auch eine Schutzwirkung hatte: Je bekannter ein Autor aus der DDR auf dem Gebiet der BRD war, umso sicherer war er vor willkürlichen Schikanen des Staatsapparates. Natürlich funktionierte das nicht in jedem Fall, wie bei Robert Havemann, zeigte aber hin und wieder doch Wirkung.

In seiner Dankesrede »Unfähigkeit zur Anonymität« verwies Hilbig eindringlich auf das dialogische Prinzip der Literatur. Aber es kann nur wirksam werden, wenn Texte gelesen werden und – mit dem Seitenblick auf die DDR – gelesen werden können. Hilbig, die Figur des Dazwischens rang um Verständigung. Vergeblich. Er beantragte ein Visum für die BRD. Kurz davor wurde ihm ein einjähriges Stipendium des Deutschen Literaturfonds e. V. bewilligt. 1985 erhielt er eine auf ein Jahr befristete Reiseerlaubnis und verließ die DDR mit der Option, nach dem Auslaufen des Stipendiums und dem Ablauf des Visa zurückzukehren.

Die Entscheidung zu gehen ist ihm nicht leicht gefallen. Er war sich darüber im Klaren, dass er damit ein Übel gegen das andere eintauschen würde. So schwierig die Verhältnisse in der DDR auch waren, er kannte sie, er war mit ihnen vertraut und hatte einen großen Teil seines Lebens in ihnen verbracht. Hier waren seine Familie, Freunde und Bekannte. Wäre es nur darum gegangen, diesen Umständen zu entfliehen – Hilbig hätte die DDR nicht verlassen. Aber da war noch ein anderer Grund, der alles andere in den Schatten stellte: Ungehindert veröffentlichen konnte er nur in der BRD. Blieb er in der DDR, wäre jede erneute Westpublikation mit Repressalien verbunden gewesen, neuen bürokratischen Fallstricken, denen Hilbig überdrüssig war.

II DER WESTEN, 1985–2007

»Ich bin auf alles eingerichtet, ich bin gegen alles gewappnet, mich wird nichts mehr verletzen. Ich bin unverletzlich geworden. Ich habe in Drachenblut gebadet, und kein Lindenblatt ließ mich irgendwo schutzlos. Aus dieser Haut komme ich nicht mehr heraus.«
Christoph Hein: »Drachenblut«

Die Stadt Hanau stellte ihrem Preisträger zwar eine kleine Wohnung zur Verfügung, trotzdem war die Situation für Hilbig schwierig: Er hatte keine Möbel, schlief auf dem blanken Fußboden. Die Wohnung befand sich mitten in einem türkischen Wohnviertel. Es muss für ihn ein Gefühl doppelter Fremdheit gewesen sein: Einerseits die ihm unvertraute westdeutsche Gesellschaft, andererseits die für einen DDR-Bürger noch fremdere türkische Kultur. Da er mit seinem Visum unbegrenzt in die DDR ein- und ausreisen konnte, entfloh er dieser Situation sooft er konnte und fuhr zurück nach Meuselwitz und Leipzig.

Wenige Monate nach seiner Ankunft im Westen lernte er die in Nürnberg lebende Schriftstellerin Natascha Wodin kennen. Fortan war sein schon vorher unstetes Leben noch mehr durch Hin- und Herreisen bestimmt. Zu den Fahrten in den Osten kam die Strecke Hanau – Nürnberg. Die Kisten mit seinem wenigen Hab und Gut waren in der Hanauer Wohnung nur abgestellt. Was Hilbig über C. im »Provisorium« schreibt, kennzeichnet seine damalige Situation sehr gut: *Die ersten Monate waren die Zimmer, bis auf eine Matratze auf dem Fußboden, völlig leer gewesen. Es hatte ewig gedauert, bis er Tische, Stühle und Bücherregale angeschafft hatte; […] Die Regale waren zwar aufgestellt worden, aber nicht eingeräumt; […] Ein Plastikkörbchen für das Eßbesteck blieb ewig auf dem Küchentisch, obwohl es in der Geschirrspüle dafür ein leeres Schubfach gab […] Es war, als ob er unablässig Zeichen setzen musste für den provisorischen Charakter seines Daseins.* Hilbig, der Wahrnehmungsmensch, war von den vielen Eindrücken, die im Westen auf ihn einstürmten, wie erschlagen. Im Gegensatz zur DDR schien das Leben hier einer fortwährenden Beschleunigung zu unterliegen. Die vom massenhaften Verkehr verstopften Straßen befremdeten Hilbig ebenso wie die glitzernde Welt der Einkaufscenter. Diese Eindrücke arbeitete Hilbig in den Text des »Provisoriums« ein. C. schlendert in einer Passage kurz vor Ladenschluss durch ein Kaufhaus und beobachtet zunehmend angewidert das Geschehen: *Der Andrang war gerade jetzt, wenige Stunden vor dem Ende der Geschäftszeit, besonders stark; es gab niemanden, der in der glänzenden Ladenzeile langsam ging, alles eilte und eiferte, und alles trug in den Gesichtern die Überzeugung zur Schau, der gerechtesten Sache der Welt zu dienen: dem Shopping.*

Das erste Jahr im Westen ging im Rausch des Neuen schnell dahin. Hilbig musste sich entscheiden: Wenn er in die DDR reiste und das Visum verlängern ließ, behielt er sich die Möglichkeit vor, irgendwann zurückzukehren. Fuhr er nicht, verstrich die Frist für eine Verlängerung und die Einreise in die DDR blieb ihm auf unbestimmte Zeit verwehrt. Die Möglichkeit, dem Westen wieder ganz den Rücken zu kehren, stellte sich für Hilbig vermutlich nicht, denn die Umstände, die er hier als negativ wahrnahm, konnten letzen Endes eines nicht aufwiegen: ungehindert publizieren zu können. Aber sollte er in der DDR alles zurücklassen? Freunde, Familie und vor allem: seine literarische Landschaft, die unerschöpfliche Quelle seiner Schaffenskraft? Würde der jetzt noch vorhandene Vorrat an Bildern daraus nicht irgendwann aufgebracht sein? Würde er dann anfangen sich zu wiederholen? Verlängerte er das Visum nicht, bedeutete das auch das Ende seiner Beziehung zu Silvia Morawetz. Hilbig fühlte sich unfähig, eine Entscheidung zu treffen und versäumte aus dieser Unfähigkeit heraus den letzten Termin für eine mögliche Verlängerung. Nun war es entschieden. 1986 zog er endgültig zu Natascha Wodin nach Nürnberg.

1988 bekam er ein Aufenthaltsstipendium des Künstlerhauses in Edenkoben. Die Idylle des Weinstädtchens inmitten einer sanft gewellten Hügellandschaft stand im krassen Kontrast zu den Aschehalden von Meuselwitz. In dieser Umgebung hoffte Hilbig, endlich zu äußerer und innerer Ruhe zu finden. Als Natascha Wodin ebenfalls ein Stipendium in Edenkoben bekam, beschlossen beide, sich dort niederzulassen. In der Watzengasse 32 bezogen sie ein kleines Häuschen. Sie lebten zurückgezogen, aber nicht einsam, denn vor allem zu den wechselnden Stipendiaten des Künstlerhauses entstanden schnell Kontakte. Sogar einen alten Bekannten aus der Leipziger Zeit traf Hilbig im Laufe der Jahre hier wieder: Thomas Rosenlöcher, der 1990 Stipendiat in Edenkoben war. Auch Michael Buselmeier und Peter Kurzeck waren in der Watzengasse zu Gast. Es sah so aus, als ob Hilbig es tatsächlich schaffte, sein Leben zu stabilisieren. Er bekam seine Alkoholprobleme in den Griff und veröffentlichte in rascher Folge von der Literaturkritik gefeierte Texte. Sein erster Roman »Eine Übertragung« erschien 1989. Wichtige Erzählungen wie »Die Angst vor Beethoven« (1990), »Alte Abdeckerei« (1991) und »Die Kunde von den Bäumen« (1992) folgten. Angesichts der Publikationsschwierigkeiten in der DDR ist der Band »zwischen den paradiesen« mit Prosa und Lyrik, den Reclam Leipzig 1992 herausbrachte, eine späte Genugtuung. 1993 sicherte sich Hilbig mit dem Roman »Ich« endgültig seinen Platz in der deutschen Literaturgeschichte.

Bei allen Texten, die in dieser Zeit neu entstanden, fällt eines auf: Hilbig hat Meuselwitz literarisch nie verlassen. Auch in Edenkoben schrieb Hilbig weiter über die industriell verwüstete Landschaft im Süden von Leipzig und über die Person, die er damals dort gewesen ist. Nach Paul Ricoeur ist die Wirklichkeit des Lebens zu flüchtig, um rückblickend in ihr einen Sinn zu erkennen. Wir brauchen die Fiktion, mit der wir die einzelnen Wirklichkeitspartikel in ein verstehbares Ganzes überführen. Genauso verfuhr Hilbig in Edenkoben, indem er aus der räumlichen und zeitlichen Distanz heraus über Meuselwitz schrieb. Die Lieblichkeit der ihn umgebenden Landschaft ließ die Tagebaukrater im Süden von Leipzig in seiner Erinnerung besonders monströs erscheinen.

Edenkoben und sein Leben dort wurden in Hilbigs Texten nur ein einziges Mal zum Thema, zu einem Zeitpunkt, als er die Stadt schon einige Jahre verlassen hatte. In der 2003 entstandenen Erzählung »Der dunkle Mann« lebt der Protagonist inmitten eines idyllischen Weinanbaugebietes: *Weinberge, nichts als Weinberge, über denen soeben die Sonne aufging. Es war eine reine Kulturlandschaft, durch die ich fuhr, es war meiner Ansicht nach eine der schönsten Gegenden Deutschlands, und sie kam bislang in keinem der Texte vor, die ich schrieb. Obwohl ich schon seit einigen Jahren hier lebte, schrieb ich immer weiter über die horizontweit sich erstreckenden Mondlandschaften im Süden von Leipzig, immer weiter über die kleine Industriestadt, in der ich geboren worden war.*

1994 heirateten Natascha Wodin und Wolfgang Hilbig in Edenkoben und zogen im selben Jahr nach Berlin. Sie ließen sich im Stadtteil Prenzlauer Berg nieder, angezogen und fasziniert von dessen Atmosphäre: Eine Mischung aus oppositioneller, widerständischer DDR-Vergangenheit, nonkonformer Kreativität und alternativen Lebensentwürfen. Auch hier war Hilbig der kritische Beobachter seiner Umwelt. Als Ende der 90er Jahre immer mehr Wohnungen luxussaniert wurden und der typische Charakter des Stadtteils zu verschwinden drohte, nahm Hilbig 1997 seine Dankesrede zur Verleihung des Lessingpreises zum Anlass, sein Wort gegen diese Entwicklung zu erheben: *Es wird also in diesem Stadtbezirk eine ganz andere, seinen Bewohnern völlig unangemessene Struktur aufkommen, der Prenzlauer Berg wird wahrscheinlich zu einer Art Pseudo-Schwabing werden, jene gleichförmig beglänzten Einkaufsboulevards werden entstehen, mit ihren vorgetäuschten und nach außen gekehrtem Wohlstand, und wenn man da hindurchgeht, wird es sein, wie in allen anderen deutschen Städten, in deren Fußgängerzonen man nicht mehr weiß, ob man sich gerade in Hamburg, in Stuttgart oder in Nürnberg befindet.* Dennoch blieb der Prenzlauer Berg für Hilbig bis zu seinem Tod Lebens- und Arbeitsraum.

1 Körper, Frauen, Sexualität – Die große Mutter

> »*Immer hatte sich die Poesie, die ich das Abwesende nannte, für mich ganz zwangsläufig mit dem Weiblichen verquickt.*«
> Wolfgang Hilbig: »Eine Übertragung«

Äußerlich war in Hilbigs Leben nach jahrelangem Hin- und Hergerissen-Sein zwischen Orten und Menschen Ruhe eingekehrt. Er hatte einen festen Wohnsitz, den er nur noch für Reisen zu Lesungen oder Preisverleihungen verließ. Urlaubsreisen unternahm er so gut wie nie. Zeitgleich mit dieser neuen Stabilität wurde in seinen Texten ein neues Element immer vordergründiger: die verschiedenen Symbolisierungen des Weiblichen. Schon in Leipzig hatte er sich Anfang der 80er Jahre intensiv mit C. G. Jungs Archetypenlehre beschäftigt. Die Lektürefrüchte von damals kehrten in Texten wie »Die Weiber« (1987) aber auch in seinen Romanen wieder. Es sind kräftige Frauenfiguren mit gewaltigen Hinterteilen, die diese Texte bevölkern. Der männliche Protagonist in »Die Weiber« verrichtet in einer Stahl verarbeitenden Fabrik schwere körperliche Arbeit. Als ihn während eines glühend heißen Sommers ein übelriechender Hautausschlag befällt, wird er von den anderen abgesondert und in einen Kellerraum versetzt. Über ihm, nur durch einen Lichtgitterrost getrennt, arbeiten die Frauen in der Werkhalle an Dreh- und Stanzmaschinen: *Von meinem Standpunkt aus sah ich zwei oder drei Frauen, sie waren die ältesten und kräftigsten (…) sie hatten wegen der Temperaturen auf Sitzkissen verzichtet, die Masse ihrer riesigen Hinterteile verschlang dabei vollkommen die runden hölzernen Sitzflächen der Schemel, wie alle Frauen in der Presserei waren sie lediglich mit dünnen bunten Kittelschürzen bekleidet.*

Die von den Frauen ausgeführten Produktionsvorgänge erinnern an Zeugungshandlungen: *Die Frauen (…) hatten mit beiden Fäusten die schräg aufgerichteten oberen Handhebel gepackt und ließen sie unter Anhängen der Gesamtheit ihrer schweren Leiber niederfahren, sie taten es, wie ich ahnte, mit tiefen Seufzern (…) der obere Arbeitsteil der Maschine sank auf die festgespannten Backen der Form nieder und entließ einen Teil der kochenden, dampfenden Kunststoffmasse, die Frauen, indem sie wieder in den Sitz zurückgelangt waren, hielten den phallusartigen Hebelarm unten (...) ehe die schon blutleeren Fäuste den Hebel zurückschnellen ließen, um die genügend abgekühlten zwei oder drei kleinen Spulen, durch Öffnen der Backen, aus dem Schoß der Gießformen auszustoßen.* Die industriellen Abläufe folgen einem autonomen Mechanismus von Empfängnis und Geburt, der allein von den Frauen ausgeführt wird. Der Ich-Erzähler sieht dem fasziniert zu, ist aber aus dem Kreislauf ausgeschlossen. Das Verhältnis von Männern und Frauen befindet sich im Ungleichgewicht. Umso mehr, als der Protagonist nach seiner Entlassung aus dem Betrieb plötzlich feststellt: *Sämtliche Weiber waren aus der Stadt verschwunden.*

C. G. Jung sah in jeder menschlichen Seele zwei verschiedene Anteile verortet – einen weiblichen, den er »Anima« nennt und einen männlichen, namens »Animus«. Das Auftauchen einer großen weiblichen Figur im Traum und Erleben eines Mannes interpretierte Jung als Zeichen von dessen Beziehung zum weiblichen Teil seiner Seele. Diese Beziehung ist dem Ich-Erzähler in »Die Weiber« verloren gegangen. Der Verlust macht ihn krank: *Riesige abblätternde Schorfstellen befielen meine Ellenbogen, weiße Flechten, die nach saurer Milch rochen (...) Langsam hatte ich begonnen, mich in eine Krankheit zu verwandeln.* Die Haut grenzt einen Menschen von der äußeren Welt ab. Befindet sie sich, wie im Fall des Ich-Erzählers, in Auflösung, kann das ein psychosomatisch gesteuerter Versuch sein, das Trennende aufzuheben. Ein Teufelskreis: Denn die derart stigmatisierte Haut wirkt als Kontaktblockade, die die ersehnte Berührung und Teilhabe an einer Welt außerhalb der eigenen körperlichen Grenzen unmöglich macht.

Das Leiden am eigenen Körper, am somatischen Teil seines Selbst, war in diesen Jahren ein häufiges Element in Hilbigs Texten. Im »Provisorium« endet diese Tendenz in einem jähen Ausbruch an Selbsthass: *In der Wohnung streifte er sich die Klamotten vom Leib (...) Er trug einen Stuhl in die Toilette, kletterte auf den Stuhl und besah sich in dem Spiegel, der über dem Waschbecken hing (...) Im Spiegel war der Rumpf eines fröstelnden, weißlichen Männerkörpers zu sehen, hart an der Grenze zum Alter, ein feuchter, klebriger, unbrauchbarer Körper, aufgeschwemmt, mißachtet, abgedroschen, das dauernde Ziel von Haß und Verachtung, die von Gott und aller Welt ausgingen. Er geriet auf dem Stuhl ins Wanken, er wußte nicht, ob es vom Alkohol oder von einem Anfall von Ekel herrührte.* Nachdem Hilbig nicht mehr schwer körperlich arbeitete und keinen Sport mehr trieb, nahm sein ohnehin von Natur aus gedrungener Körper rasch an Gewicht zu. Ent-

BILDTEIL

BILDTEIL

› Jugendfoto 1964 [Marianne Hilbig]

> Marktplatz Meuselwitz Anfang der 70er Jahre [Fotograf unbekannt]

> Berufsschule in Meuselwitz, in der Hilbig die Ausbildung zum Bohrwerksdreher gemacht hat [Fotograf unbekannt]

›› Schriftstellertreff in der Wohnung von Lutz Nitzsche-Kornel,
Luxemburgstr. 4 [Lutz Nitzsche-Kornel]

› Berlin/Prenzlauer Berg
1979, von links nach
rechts: Uwe Werschnik,
dahinter seine Frau Petra,
Birgit Adler, Margret
Franzlik, Wolfgang Hilbig,
Dr. Gernot Ecke
[Dieter Kalka]

› Sommer 1982 in Westewitz-Hochweitzschen. Von links nach rechts
(hintere Reihe): Margitta Kornel, unbekannt, Ronald Galenza, Peter Geist,
Volker Hanisch (maskiert), Wolfgang Hilbig; vordere Reihe von links:
Günther Dietrich, Anke Pauer; vorn: Thomas Böhme [Lutz Nitzsche-Kornel]

BILDTEIL

› Bei der Verleihung des Brüder-Grimm-Preises in Hanau 1983 mit Karl Corino
[Fotograf unbekannt]

› Dankesrede zur Verleihung des Brüder-Grimm-Preises in Hanau 1983
[Fotograf unbekannt]

› 1983 vor dem Gohliser Schlösschen mit Irina Hermlin, Margarete Hannsmann, Hermann Kant, Stephan Hermlin, Hans Marquardt, Silvia Morawetz (v. l.) [Fotograf unbekannt]

› Auf dem Markt 1984 mit Kito Lorenc, Reclamlektor Hubert Witt und Elmar Faber (v. l.) [Helfried Strauß]

› Spittastraße
  Leipzig
  Lindenau 1984

› Am Stadtrand
  von Leipzig 1984

› Ausflugsgast-
  stätte Leipzig
  Lindenau 1984

Fotos: Dietrich Oltmanns

› Beim Sommerfest des Reclam Verlages im Haus Göschen in Grimma mit Hans Marquardt (2. v. r.) und unbekanntem Paar [Fotograf unbekannt]

› Beim Sommerfest des Reclam Verlages im Haus Göschen in Grimma mit Hans Marquardt und Silvia Morawetz [Fotograf unbekannt]

›› Am Stand des S. Fischer Verlages auf der Leipziger Buchmesse 1984
[Karin Wieckhorst]

BILDTEIL

>> Lesung mit Jayne Ann-Igel in der Galerie Eigen+Art am 25.2.1991
[oberes Foto: Peter Thieme; unteres Foto: Karin Wieckhorst]

›› Bei einer Lesung mit Jayne Ann-Igel 1992; unten v. l. n. r.: Peter Geist, Thomas Böhme, Wolfgang Hilbig [Peter Thieme]

BILDTEIL

› Edenkoben in den 90ern [Natascha Wodin]

› Postkarte an Lutz Nitzsche-Kornel von 1997 [privat]

› Lesung Anfang der 90er Jahre im Literarischen Kolloquium Berlin
[Privatfoto Thomas Böhme]

› Autogrammkarte für Lutz Nitzsche-Kornel 2002

BILDTEIL

jetzt in Edenkoben. Ich habe seither eine
Reihe von Büchern mit Lyrik und Prosa veröffentlicht, bin in die USA, nach Griechenland
und Frankreich gereist, nun unter den Bedingungen des kapitalistischen Buchmarkts, die
oft schwieriger zu bewältigen sind als die
halb illegalen, oder pseudo-legale, in der
ehemaligen DDR. Aber sie sind ehrlicher, und
darauf kommt es an.

Lesung anläßlich der Kranichsteiner Literaturtage in Darmstadt, September 1987

› Aus einer Broschüre des Fischer Verlags anlässlich der Verleihung des Kranichsteiner Literaturpreises 1987 [Peter Peitsch]

› Bei einer Lesung in Leipzig am 26.9.2002 [Karin Wieckhorst]

sprach er schon durch seinen Habitus nicht dem Bild eines Intellektuellen, litt er nun auch darunter, körperlich nicht an das gesellschaftliche Ideal des hochgewachsenen, schlanken Mannes heranzukommen. Auf vielen Fotos wirkte sein nicht zu übersehender Bierbauch beinah wie eine Mauer zur Außenwelt.

Auch C. im »Provisorium« empfindet seinen Körper als fühllose Barriere hinter der er vor Sehnsucht nach dem Leben draußen dahinvegetiert: *Manchmal näherte er sich einer Frau, er überfiel sie aus seiner Wüste heraus, er zerrte sie in sein Berberdasein hinein. Eine Zeitlang, ein knappes Jahr, wenn es lange dauerte, hielt er sie mit seiner Unersättlichkeit in Atem, dann gewann die Wüste langsam wieder die Oberhand. Es war, als ob er in einer Frau den Geschmack des Lebens suchte, dem er in seiner Kindheit, in seiner Jugend und in den endlosen Jahren, die man als die »jungen Jahre« bezeichnete, niemals hatte nähern können. All diese Jahre waren ihm wie eine unaufhörliche Qual erschienen, wie das Eingeschlossensein in einem Sarg ... draußen war es hell, und durch die Risse und Spalten wehte der bitter blühende Duft der Jahreszeiten herein, aber um ihn blieb es finster.*

C., der mit einem einjährigen Visum wenige Jahre vor der Wende in die Bundesrepublik gereist ist, hat in der DDR seine Geliebte Mona zurückgelassen. Kaum im Westen angekommen, beginnt er mit der Schriftstellerin Hedda eine neue Affäre. Beide Beziehungen verlaufen nach einem ähnlichen Schema: Nach anfänglicher sexueller Raserei folgt eine Phase totaler Impotenz. Als literarisches Symbol zeigt Impotenz eine Ohnmachtserfahrung an, für C. ist es der augenfällige Beweis dafür, dass er in beiden deutschen Systemen nicht zurechtkommt: Mit demselben abgrundtiefen Schweigen, mit dem er sich von Mona aus Leipzig getrennt hat, steht er jetzt der westdeutschen Hedda gegenüber. Geändert hat sich nur das Umfeld, in dem es stattfindet.

Der Mutterarchetyp, von Jung »große Mutter« genannt, besitzt positive und negative Eigenschaften, die Hilbig in seinen Texten auf verschiedenen Ebenen aktualisierte. Eine häufig vorkommende Figur ist die persönliche Mutter des Protagonisten, die ihn allein aufzieht. Der Vater ist im Krieg verschollen. Bis tief hinein in die Adoleszenz schläft der Sohn im Doppelbett neben seiner Mutter. In der Enge der elterlichen Wohnung findet sich für ihn kein eigenes Zimmer. Als er anfängt, seine eigene Männlichkeit zu entdecken und im Gegenzug zum ersten Mal die Mutter in ihrer Weiblichkeit wahrnimmt, stürzt ihn das in tiefe Bedrängnis. Ständig ist er bemüht, die Regungen seiner erwachenden Sexualität zu verbergen. Selbst im Sommer zieht er die Bettdecke bis zum Hals hoch und schläft gekrümmt auf der Seite, um seine morgendliche Erektion geheim zu halten. Sexualität, besonders die seines eigenen Körpers, bekommt dadurch etwas Anrüchiges, wird zu etwas Verbotenem. Während dieser selbst auferlegte Triebverzicht dem inneren Schamgefühl entspringt, wird es dem Protagonisten auch von außen abverlangt. Eine andere Aktualisierung der großen Mutter, die übermächtige Partei, forderte von ihren Kindern sexuelle Abstinenz. Triebverzicht, auch als »Sauberkeit« etikettiert, galt als Voraussetzung für Leistungsfähigkeit und diente zur Abgrenzung zum imperialistischen Westen. Gelebte Sexualität wurde als dekadent angesehen: *Schon Lenin hatte, wie von Clara Zetkin berichtet, das Herumwühlen im Sexuellen als eine Liebhaberei der Intellektuellen bezeichnet, wofür beim klassenbewussten Proletariat kein Platz sei*, berichtet der Ich-Erzähler in »Die Weiber« von seinen Erfahrungen mit der ideologisch sanktionierten Sexualität. Gerade weil Sexualität als Tabu und Gefahr behandelt wurde, kam ihr eine anarchisch-rebellische Bedeutung zu. Sie stand der sozialistischen Herrschaft bedrohlich gegenüber und musste daher unter Kontrolle gehalten werden, bevor sie ihr zersetzendes Potenzial entfalten konnte. Die Losung lautete: Macht gesunde Kinder für die Revolution und (vor allem) für die Produktion.* Der Protagonist sucht abseitige Orte, um seiner Sexualität Raum zu schaffen. Beinah zwanghaft onaniert er im Keller seines Betriebs: *Täglich, später sogar mehrmals täglich, onanierte ich in den Keller und trat die schillernde Spucke auf dem Zementfußboden breit; es gab nicht den geringsten Grund zu diesen Übergriffen, nicht einmal ein Bedürfnis; du Schwein, sagte ich zu mir, beeil dich, daß man dich nicht überrascht. Aber es dauerte mir immer länger, ich trieb mich in eine immer gehetztere Verfassung, und das Ziehen in meiner Hüfte ließ nicht nach, dabei schwitzte ich weiter, die Schweißausbrüche lähmten und schwächten mich, das Glied verlor mir den letzten Rest an Kraft.*

In der westlichen Konsumwelt dagegen ist Sexualität eine Ware unter vielen, ein mechanischer Akt, der ohne jede innere Beteiligung abläuft. Auf seinen endlosen Lesereisen zappt sich der Schriftsteller C. aus dem »Provisorium« nachts im Hotelzimmer durch die Pornokanäle des Pay-TV. Er ist fasziniert und abgestoßen zugleich.

---

* Cazzola, Roberto: Verseucht sind das Land, die Menschen, die Sprache. Zu der Erzählung ›Die Weiber‹, in: Wittstock, Uwe (Hg.): Wolfgang Hilbig. Materialien zu Leben und Werk, Frankfurt am Main 1994, S. 161.

In seinen Texten stilisierte Hilbig das Weibliche zum ewig Abwesenden, unfassbar, geheimnisvoll und unberechenbar wie die Poesie. In seinem Leben hielt keine Beziehung, denn das Schreiben stand für Hilbig an erster Stelle. Ihm brachte er jedes Opfer. 2002 ließen sich Wolfgang Hilbig und Natascha Wodin scheiden.

2 Bier, Rausch, Flucht – Der Durst

> »*Finsternis, Schweiß und Durst waren die Basis meines Daseins.*«
> Wolfgang Hilbig: »Die Flaschen im Keller«

Von den Schatten, die Wolfgang Hilbig sein Leben lang begleiteten, war der Alkohol wohl der dunkelste. In seinem Herkunftsmilieu galt regelmäßiger Alkoholkonsum als normal. Das Feierabendbier in der Kneipe gehörte zum Arbeitsleben dazu. Hilbig war diszipliniert genug, es in diesen Situationen bei Bier zu belassen, wusste er doch, dass er am nächsten Morgen wieder nüchtern auf seiner Arbeitsstelle erscheinen musste. Als er sich in den 80er Jahren ganz dem Schreiben widmete, fiel diese äußere Disziplinierung weg. Trinken und Schreiben waren in Hilbigs Leben eng miteinander verzahnt. Seine Texte sind durch das Rauschhafte geradezu charakterisiert. Der Alkohol ist häufig Thema, gibt ihnen aber auch ihre Form vor.

Die Liste derjenigen Künstler, die ihre Werke unter Drogeneinfluss verfassten, ist lang. Berühmte Namen sind auf ihr zu finden. Von E. T A. Hoffmann über Edgar Allan Poe bis zu dem von Hilbig bewunderten William Faulkner: Alle nutzten die anfänglich kreativitätssteigernde Wirkung von Rauschmitteln. Zunächst entspannend und enthemmend, steigert Alkohol tatsächlich die Assoziationsbereitschaft. Er erweitert den persönlichen Erfahrungshorizont und eröffnet dem Künstler Perspektiven, die er vorher noch nicht kannte. Im vollständigen Rauschzustand, wenn sich kaum ein gerader Strich aufs Papier bringen lässt, ist natürlich keinerlei kreative Betätigung mehr möglich. Es ist die Erinnerung an die durch den Alkohol hervorgerufenen Erfahrungen, die der Künstler in die Sprache seiner Kunst umsetzt. Themen, die schon vorher das Werk eines Künstlers prägten, wie Probleme der Ich-Wahrnehmung, der Orientierungslosigkeit, die beängstigende Erfahrung einer indifferenten, chaotischen Welt, können durch das Rauscherleben unmittelbar erlebt und verarbeitet werden.

Hans Fallada beschrieb in seinem Roman ›Der Trinker‹ (1944) das für einen Alkoholiker typische Gefühl von Unsicherheit: *Ich hatte aber doch den Argwohn, daß mir vielleicht etwas von meinem Alkoholgenuß anzumerken oder etwas an meiner Kleidung nicht in Ordnung sei. Ich hatte es schon erfahren, daß eine der schlimmsten Gaben, die der Alkohol mit sich bringt, dieses Unsicherheitsgefühl ist, ob irgend etwas an einem nicht ganz stimmt. Man kann sich noch so oft im Spiegel mustern, die Kleidung ablesen, jeden Knopf nachprüfen – nie, wenn man etwas getrunken hat, ist man ganz sicher, daß man nicht doch etwas übersehen hat, etwas ganz offen zutage Liegendes, das man aber doch trotz gespanntester Aufmerksamkeit immer wieder übersieht. Im Traum hat man ganz ähnliche Gefühle, bewegt sich heiter in der gewähltesten Gesellschaft und entdeckt plötzlich, daß man vergessen hat, seine Hosen anzuziehen.*

Ähnliche Erfahrungen machen auch Hilbigs Protagonisten. Ständig überlegen sie, ob ihr kräuterschnapsgesättigter Atem sie an die Umwelt verrät. Oder sie glauben, dass ihre Haut einen Alkoholdunst verströmt. Am gravierendsten sind die durch den Alkohol hervorgerufenen Verschiebungen im Raum-Zeit-Gefüge. Zeitlich weit auseinanderliegende Ereignisse können im Rauschzustand zusammenrücken, intensiviert oder überhaupt erst erinnert werden. Die Zeitebenen verschieben sich: *Die Zeit meiner Vergangenheit reicht mir über die Gegenwart hinaus, auch in der Zukunft werde ich noch tief in dieser Vergangenheit stecken*, erklärt Waller in »Die Kunde von den Bäumen«. Dem alkoholbedingten Erinnern an Verdrängtes steht der Wunsch der Trinkenden nach dem Vergessen gegenüber. Der Protagonist aus »Ich« entsinnt sich, *daß es in der Republik Kleinstädte gab, in denen der Alkohol die einzige Überlebenshoffnung für Bürger jüngerer Jahrgänge darstellte … oder die Hoffnung auf Flucht.* Konkreter wird in »Der Durst« (1972) der Grund des Trinkens beschrieben: Ein wabernder Leichengeruch verpestet allabendlich die Straßen einer kleinen Stadt und treibt die Leute in die Kneipen. Dort werden die Türen und Fenster verschlossen. Der Geruch bleibt draußen, aber die Erinnerung an ihn ist mit in die Wirtshausstuben gekommen und hat sich quälend im Bewusstsein der Leute festgesetzt. Nur eines verspricht Abhilfe: *Man muß trinken, bis jede Erinnerung an dieses abscheuliche Gas einer trunkenen, schwankenden Gedankenflut Platz macht, die nur noch um das immer schwerer zu durchschauende Treiben im Inneren der Wirtshausstube kreist.* »Der Durst« ist eine meisterhafte Beschreibung der menschlichen Wahrnehmung unter Alkoholeinfluss. Das ausgeschenkte Bier, das wie am Fließband über die Theke gereicht wird, lässt feste Konturen verschwimmen. Alles wird zu Bier, Menschen verwandeln sich in mythische Unterwasserwesen, die nur aus unersättlichen Schlünden bestehen. Am Ende ist der Schankraum eine einzige Bierwoge, ein Strudel, aus dem es kein Entkommen gibt.

Während der Edenkobener Jahre trank Hilbig nichts mehr, bestellte, wenn er mit Freunden oder Kollegen in der Kneipe zusammensaß, Cola statt Wein. Die Energie, die er jahrelang vorher im Trinken verloren hatte, setzte er jetzt ins Schreiben um. Das Schreiben schützte ihn vor dem Trinken. Die Angst vor einem erneuten Alkoholabsturz, in dem Moment, in dem seine Schaffensenergie abnehmen würde, war groß. Die Textflut dieser Zeit resultiert vor allem auch daraus. Den Rausch des Alkohols ersetzte er durch den Rausch des Schreibens. Auch als er später wieder zum Alkohol griff, die Edenkobener Produktionsweise hatte sich bei ihm so eingeschliffen, dass er nur noch schreiben konnte, wenn er vollkommen nüchtern war.

Ende der neunziger Jahre wurde seine Alkoholsucht zeitweise so akut, dass er mehrere Entziehungskuren begann. Das Erlebnis des Entzugs verarbeitete er literarisch im »Provisorium«, indem er das in der Entzugsklinik erlebte Grauen mit Bezügen zur Literatur- und Kulturgeschichte verband. Die in ihren Betten unter den Qualen des körperlichen Entzugs leidenden Menschen erinnern den Schriftsteller C. an die verlorenen Seelen aus Dantes »Divina Commedia«. Das wachhabende Personal in den gläsernen Kanzeln der Schlafsäle entspringt einem Bild aus Foucaults »Überwachen und Strafen«. Erfolgreich waren die Entziehungsversuche auf lange Sicht bei Hilbig jedoch nicht. Hilbig blieb ein »poète maudit«, dem das eigene Leiden zum Motor der künstlerischen Bemühungen avanciert.

3 Simulation, Spitzel, Keller – Die Macht

> »*Menschlich fühl ich mich verbunden / mit den armen Stasi-Hunden /*
> *die bei Schnee und Regengüssen / mühsam auf mich achten müssen /*
> *die ein Mikrophon einbauten / um zu hören all die lauten /*
> *Lieder, Witze, leisen Flüche / auf dem Clo und in der Küche /*
> *– Brüder von der Sicherheit / ihr allein kennt all mein Leid*«
> Wolf Biermann: »Stasi-Ballade«

Im Herbst 1989 brach mitten im Freudentaumel der Wiedervereinigung bei der Bevölkerung der ehemaligen DDR auch etwas anderes hervor. Etwas, das jahrzehntelang nicht ans Tageslicht treten konnte, das nur unter den jeweils vertrautesten Menschen zur Sprache gekommen war. Als die Macht des Staates gebrochen war und der Arm der Partei keinen Zugriff mehr auf die Menschen hatte, gab es kein Halten mehr. In allen größeren Städten stürmten die Menschen den jeweiligen Sitz des Ministeriums für Staatssicherheit. Bilder von fliegenden Aktenstößen in der Berliner Normannenstraße und der Runden Ecke in Leipzig gehörten zum Wendeherbst wie die einstürzende Mauer selbst. Die Stasi war vielen DDR-Bürgern zum Symbol für die Repressalien der vierzig Jahre währenden Diktatur geworden. Die Ahnungen und Gerüchte, die sich in all den Jahren angehäuft hatten, bestätigten sich nach der Akteneinsicht, ja übertrafen alle Befürchtungen. 1989 hatte die Stasi knapp 270 000 Mitarbeiter. Bei einer Einwohnerzahl von 16 Millionen kam ein Spitzel auf 60 Bürger. Akten, die unvorstellbare 200 Kilometer Regalfläche einnahmen, hatten sich im Laufe der Jahrzehnte angehäuft. Die schlimmste Erkenntnis, die sich daraus ergab: Die Stasi war allgegenwärtig gewesen und hatte sich selbst in die intimsten menschlichen Beziehungen eingeschlichen. Wie im Fall der Brüder Schädlich. Der Historiker Karlheinz Schädlich bespitzelte jahrelang seinen jüngeren Bruder, den Schriftsteller Hans Joachim Schädlich. Dieser litt bis zu seiner Ausreise 1977 unter den rigiden Zensurbedingungen und konnte kaum etwas veröffentlichen. Als er 1986 mit seinem im Westen publizierten Roman »Tallhover« zu den ersten Schriftstellern gehörte, die sich mit dem Thema »Stasi« befassten, konnte er noch nicht wissen, wie nah sie ihm war. Oder wie im Fall der Bürgerrechtlerin Vera Lengsfeld, die von ihrem eigenen Mann Knud Wollenberger denunziert wurde. Die Liste des Verrats war lang, die emotionalen Wunden tief. Wem konnte man noch trauen? Der Weg zur Gauck-Behörde wurde für viele DDR-Bürger zur Gretchenfrage: Will ich es wirklich wissen oder lasse ich die Vergangenheit lieber ruhen? Die Unsicherheit, die die Stasi in der DDR permanent verbreitete, setzte sich in anderer Form nach der Wende fort.

Unter Künstlern und Schriftstellern, die oft auch oppositionellen Kreisen angehörten, war das Verhältnis von Spitzeln und Bespitzelten besonders hoch. Seit der Biermann-Affäre setzte eine regelrechte IM-Schwemme ein. Im Arbeitsplan der Hauptabteilung XX für das Jahr 1978 hieß es: *Erweiterung des* qualitativen *IM-Bestandes und Besetzung von* Schlüsselpositionen *bei der Bekämpfung des politischen Untergrundes.** Die eingesetzten Spitzel sollten in erster Linie Kontakte registrieren und »feindlich-negative Einstellungen erkennen«. In einem zweiten Schritt waren sie es auch, die sogenannte »operative Maßnahmen« durchzuführen hatten. Diese konnten sehr verschieden aussehen, hatten aber letztendlich ein Ziel: Beweise für strafbare Handlungen finden, die entsprechende Person »bearbeiten« und »zersetzen«. Zersetzungsmaßnahmen waren unter anderem: Post abfangen, Telefone abhören, observieren, Wohnungen durchsuchen, Gerüchte verbreiten, Briefe fälschen, Ausbildung der Kinder blockieren, Beförderungen verhindern, Untersuchungshaft und Abschiebung.

Was es mit der »Besetzung von Schlüsselpositionen« durch IMs auf sich hatte, wurde in seiner ganzen Tragweite erstmals durch die Büchnerpreisrede von Wolf Biermann am 20. Oktober 1991 klar. Er beschuldigte darin einen der führenden Akteure der Berliner Prenzlauer-Berg-Szene – Sascha Anderson – für die Stasi gespitzelt zu haben. Gab es dafür anfangs noch keine Beweise, verdichtete sich die Aktenlage im Laufe der Zeit mehr und mehr: Anderson hatte tatsächlich seit 1975 als Inoffizieller Mitarbeiter für die Stasi gearbeitet. Darüber, dass in der alternativen Kulturszene IMs anwesend waren, bestand Konsens. Aber nachdem noch weitere Szene-Mitglieder als IMs enttarnt wurden, rauschte es gewaltig im deutschen Feuilletonwald: War die gesamte Szene von der Stasi »gemacht«, eine Simulation? Für einen historischen Augenblick eine kaum zu beantwortende Frage, denn auch die Dokumente des MfS enthielten keine objektiven Schil-

---

* Böthig, Peter und Klaus Michael (Hrsg.): MachtSpiele. Literatur und Staatssicherheit im Fokus Prenzlauer Berg, S. 13.

derungen, sondern die selektive Realitätssicht der Stasi, waren also ebenfalls Simulationen.

Die Ereignisse um Anderson bildeten den Hintergrund für Hilbigs bekanntesten Text, den 1993 erschienenen Roman »Ich«. Der Arbeiter und Schriftsteller M. W. wird durch eine ihm untergeschobene Vaterschaftserklärung zur Spitzeltätigkeit bei der Stasi erpresst. Er wird nach Berlin abberufen und in die dortige nichtoffizielle Literaturszene eingeschleust. Cambert, wie sein Deckname jetzt lautet, soll einen Dichter namens S. R. überwachen, der operative Vorgang dazu nennt sich bezeichnenderweise »Reader«. Die einzelnen Elemente der Handlung werden zusammengehalten von Camberts Reflexionen über die psychologischen Auswirkungen seines Spitzelwerdens. Er blickt voll Abscheu auf das Tun der Stasi, damit auch auf sich selbst und seine Handlungen. Er sucht sich einen zweiten Wohnsitz, um sich ihrem Zugriff zu entziehen. Nachdem er auch hier nicht mehr sicher ist, taucht er unter in die Kellerlabyrinthe der Stadt Berlin. Im Untergrund der Metropole sind die Kellergänge der einzelnen Häuser miteinander verbunden. Cambert kann sich in der unterirdischen Parallelwelt kreuz und quer durch Berlin bewegen. Nur die Mauer setzt sich in die Tiefe fort und stoppt sein ruheloses Umherschweifen.

Die von Haus zu Haus durchbrochenen Kellergänge gab es wirklich: Als Hilbig in den 80er Jahren in Berlin zusammen mit Margret Franzlik eine Dachgeschosswohnung bezogen hatte, musste er jeden Tag mit zwei Eimern in den Keller steigen, um Kohlen zu holen. Die Bewohner des Erdgeschosses hatten den ersten Keller für sich in Besitz genommen, während die Leute, die im dritten Stock wohnten, schon sechs Kellergelasse weiter laufen mussten. Hilbigs Weg zum nötigen Brennstoff war dagegen am längsten: Er musste den Keller komplett durchqueren und fast bis zum nächsten Haus gehen. Die Wände zwischen den Häuserkellern waren im Krieg durchbrochen worden, um Fluchtwege zu schaffen. Später gab es oberirdisch genügend Bauschäden, um die man sich kümmern musste, für die Keller interessierte sich niemand.

Für Cambert ist es verführerisch einfach, sich der Stasi zu ergeben: Sie sorgt für eine Wohnung, dafür, dass immer genügend Geld auf dem Konto ist und, was für ihn ausschlaggebend ist: Die wechselnden Führungsoffiziere nehmen Cambert als Schriftsteller wahr und geben ihm damit die Anerkennung, die er, der aus dem Arbeitermilieu stammt, nie hatte. Zu M. W. gehören die typischen Merkmale aller Protagonisten Hilbigs: Er ist Arbeiter in einem ostdeutschen Industriebetrieb, wohnt in einer Kleinstadt und schreibt an literarischen Texten, die er nicht veröffentlichen kann. Er fühlt sich dem Arbeitermilieu fremd, hat aber Hemmungen, sich selbst als Schriftsteller zu bezeichnen. Zu dieser doppelten Entfremdung kommt in »Ich« noch eine dritte hinzu, denn auch in seiner Funktion als Spitzel kommt er dem »Ich« – seiner Identität – nicht näher. Das Gefühl innerer Indifferenz und Gespaltenheit wird größer: Zu dem Arbeiter-Ich und dem Schriftsteller-Ich kommt noch das Spitzel-Ich dazu. Durch den ständigen Wechsel zwischen den verschiedenen Identitäten verliert der Protagonist sein Zeitgefühl – Zeit hat in jedem Bereich eine andere Bedeutung. Durch die Verschiebungen der drei Zeitebenen Vergangenheit, Gegenwart und Zukunft werden seine Erinnerungen vage und austauschbar, was seinen Identitätsverlust noch verstärkt.

Während einer Diskussion im Rahmen der Vorlesungsreihe »Stasi als Thema in der Literatur« an der Uni Tübingen im Sommersemester 2002 befragte der Veranstalter Hilbig zur Identitätsdiffusion seines Protagonisten. Hilbig erklärte, dass es in seinem Roman »Ich« überhaupt kein »Ich« gebe, sondern an dessen Stelle ein schwarzes Loch, um das mehrere multiple Ichs ständig kreisten. Das wirkliche Ich ist in diesem schwarzen Loch verschwunden. Im Roman heißt es dazu: *Durch das Fenster herein stieß eine flimmernd abgegrenzte Wand von Helligkeit ... keine Wand, es war ein irreguläres, querstehendes Scheingehäuse voller Blendung und Staub und Rauchgewirbel, darin zusammengesackt eine Schattenkontur ausgespart blieb: der dunkle Umriß meines »Ich«.* Alles kann diese Schattenkontur ausfüllen, aber nichts scheint wirklich zu passen.

Die Konzeption des Textes geht von einer bestimmten Wesensgleichheit zwischen Spitzeln und Schriftstellern aus. Hilbig fragte sich: Machen Schriftsteller und Spitzel nicht auf irgendeine Art dasselbe? Stellen sie nicht beide aus Sprache eine fiktionale Welt her? Ermitteln sie nicht beide in den Köpfen erfundener Figuren? Auf diese Nähe wird im Roman ständig verwiesen. Die Stasi-Mitarbeiter kommen alle aus intellektuellen Kreisen. Sie lesen die gleichen Bücher wie die Künstler der Szene – Samuel Beckett, Michel Foucault, Norman Mailer. Das dandyhafte Aussehen von Camberts Führungsoffizier Feuerbach erinnert an die Helden aus Kriminal- oder Spionageromanen vergangener Zeiten: *Immer hat der diesen karierten Anzug an, solche gibt es hier gar nicht, grau und gelb kariert, ich weiß nicht, ob man so was noch trägt. Und einen Schal drin, wahrscheinlich soll es amerikanisch aussehen, oder vielleicht englisch, jedenfalls soll es auffallen. Und passen soll es zu der gefärbten Haarfarbe, da hat er sich doch graue Locken reinma-*

chen lassen, hab ich recht? Alles unecht an dem Kerl, beklagt sich Camberts Vermieterin Frau Falbe.

Das Verhältnis zwischen Feuerbach und Cambert ist kompliziert und widersprüchlich. Anfangs spielt sich Feuerbach als Mäzen auf: *Was wäre zum Beispiel geschehen, wenn niemand ein klein wenig gedreht hätte an Ihrem Weiterkommen als Dichter?* fragt er Cambert. Nächtelang zieht er mit ihm durch die Kneipen und weiht seinen Schützling sturzbetrunken in Zusammenhänge ein, die dieser längst schon ahnte: *Wir haben sie* [die Schriftsteller] *doch alle gemacht, und unentbehrlich gemacht.* Die Stasi hat sich ihre Observationswirklichkeit selbst geschaffen und ist umso schockierter, als sich die eigene Simulation plötzlich gegen sie wendet: *Die ignorieren uns einfach ... die sind ja fast so wie wir! Die wollen uns den Job wegnehmen ... eines Tages müssen wir selber noch protestieren gehen ... Übrigens ist es schon soweit, wir müssen ihre Versammlungen jetzt schon mit immer mehr Leuten von uns auffüllen, damit sie überhaupt noch gefährlich aussehen.* Je mehr die Stasi in diesen Todestaumel gerät und je weniger Cambert die von ihm verlangten Ergebnisse liefern kann, umso aggressiver gebärdet sich Feuerbach. Als der Schriftsteller-IM Cambert bei einer Szene-Aktion in Haft genommen wird, überfällt ihn eines Nachts sein Führungsoffizier in der Zelle: *Feuerbach warf ihn in der Finsternis gegen die Wand und riß ihm die Hose herunter; er spürte einen harten, kalten Stoß zwischen den Hinterbacken, es war Eisen, es war der Lauf von Feuerbachs Pistole, die ihre Mündung schmerzhaft in sein Inneres bohrte. – Soll ich, du Hund ... brüllte Feuerbach, es klang gurgelnd und kaum verständlich. Soll ich, du Aas ... soll ich dir ins Loch schießen, du schwules Aas?*

Das Romangeschehen schließt in einer großen Kreisbewegung. Die Observationswirklichkeit ist von der Stasi geschaffen worden, der Inhalt der Berichte, die Cambert zu schreiben hatte, stand schon vorher fest. Am Ende entpuppt sich der von ihm observierte »Reader« selbst als ein Stasi-Spitzel, der übergangslos Camberts Platz einnimmt. Cambert wird in das kleine Städtchen A. zurückgeschickt. Hilbig gab nach Erscheinen des Romans zu, so gut wie nichts über die Stasi recherchiert zu haben. Er hatte aus dem Wissen und Halbwissen, das in der DDR-Bevölkerung kursierte, die Stasi neu erfunden. Sein Roman ist eine »Stasi-Fiktion« – die Neuerfindung der Stasi mit literarischen Mitteln.*

---

* Huberth, Franz: Aufklärung zwischen den Zeilen. Stasi als Thema in der Literatur, Köln 2003, S. 342.

Auch Hilbig selbst war im Visier der Stasi. Als er während seiner Haftzeit als IM angeworben werden sollte, lehnte er ab. Wieder auf freiem Fuß, vereitelte Hilbig jeden weiteren Versuch der Stasi, ihn als Spitzel zu gewinnen, indem er dekonspirierte. Er erzählte jedem in seinem Umfeld von diesem Anwerbungsversuch und machte sich der Stasi damit als möglicher Informant wertlos. In einem Interview mit der Berliner Zeitung 2002 äußerte sich Hilbig dazu genauer: *Man konnte sich denen verweigern. Das einfachste Mittel war die Dekonspiration; das war möglich, auch wenn viele Angst hatten. Zum Dekonspirieren brauchte man mehr Mut als zum Mitmachen; denn man wusste nicht, was die machen, und es sind üble Dinge passiert.**

Nachdem »abwesenheit« im Westen erschienen war, tauchte sein Name immer wieder in Quartalsberichten und sogenannten »Untergrundanalysen« auf. In den Augen des MfS gehörte er zu den *Nachwuchskünstlern, (…) der 2. Reihe der Kunst- und Kulturschaffenden (…), die unter den Einfluss feindlicher Zentren, Organisationen und Kräfte geraten sind.*** Auf der Liste derjenigen Künstler, die das MfS analog zu Hilbig von »feindlichen Zentren« bedroht sah, wurden unter anderem Lutz Rathenow genannt, Uwe Kolbe, Gert Neumann, Monika Maron, Bettina Wegener, Adolf Endler und Wolfgang Hegewald. Die Stasi war über den Standort, den Hilbig in der subkulturellen Szene einnahm, gut informiert. Als »feindlich« stufte die Stasi in diesem Zusammenhang den S. Fischer Verlag in Frankfurt am Main ein. Misstrauisch machte sie auch Hilbigs Kontakt zu Karl Corino. Einmal derart in den Blickwinkel der Stasi geraten, bekam Hilbig alias OPK »Literat«*** all die kleinen Schikanen des MfS zu spüren: Ein harmloser Spaziergang durch Leipzig zur Messezeit konnte leicht zum Spießrutenlauf werden. Permanent war das Gefühl da, verfolgt zu werden da, das sich in Abständen bestätigte, wenn etwa Uniformierte mitten auf der Straße Hilbigs Ausweis sehen wollten. Oder wenn er ohne Angabe von Gründen eine Vorladung erhielt, nach der er sich in drei Tagen auf einem bestimmten Amt zu melden hatte. Drei Tage, die in Grübeleien und Mutmaßungen dahingingen. Drei Tage, in denen er keine Zeile zu Papier bringen konnte. Dann war es aber »nur« das Verbot, seinen Freund Frank-Wolf Matthies zu dessen Geburtstag in Berlin zu besuchen. Zwischen solchen Erlebnissen konnten Monate

---

* Hanika, Iris und Bert Rebhandl: Ich komme aus dem Wald. Interview mit Wolfgang Hilbig, Berliner Zeitung, 26.10.2002, Magazin S. 4.
** Akten des BStU, zit. n.: Walther, Joachim: Sicherungsbereich Literatur. Schriftsteller und Staatssicherheit in der Deutschen Demokratischen Republik, Berlin 1996, S. 118.
*** Akten des BstU, ebd. S. 378.

vergehen, in denen er sich ängstlich fragte, was als Nächstes passieren würde. Der Zugriff der Staatsmacht war unberechenbar.

Hilbig erlebte mit, wie enge Freunde von der Stasi systematisch in die Enge getrieben wurden. Im Operativplan vom 29. August 1978 gegen Gert Neumann, der, um sich dem Zugriff der Stasi zu entziehen, den Namen seiner Frau – Härtl – annahm, ist zu lesen: *Zur Verunsicherung des Härtl unter Nutzung seiner psychischen Labilität sind durch geeignete anonyme Zusendungen sowie für ihn sichtbare demonstrative Kontrollmaßnahmen seine Befürchtungen über mögliche Sanktionen durch Staatsorgane zu bestärken, um ihn von feindlich - negativen Aktivitäten abzuhalten (...) In Auswertung der unter Punkt 1 festgelegten Kontrollmaßnahmen sind die Familienverhältnisse des Härtl ständig zu analysieren, um unter Nutzung entstehender Differenzen zwischen den Ehepartnern, durch differenzierte kulturpolitische Einflußnahme auf die Härtl, Heidemarie, eine weitere Verunsicherung des Härtl, Gert, zu bewirken.**

In »Ich« ist der Anteil autobiografischen Materials gemessen an anderen Texten Hilbigs geringer. Dennoch hat auch dieser Roman eine reale Verortung in Hilbigs Leben.

---

* Akten des BstU, ebd. S. 413f.

4 Letzte Kämpfe

»Anmut ist die Schönheit der Gestalt unter dem Einfluss der Freiheit«
Schillerzitat aus Hilbigs Dankesrede zur Verleihung des Literaturpreises
der deutschen Schillerstiftung 1996

Von 1983 bis 2007 wurden Wolfgang Hilbig 18 verschiedene Literaturpreise verliehen. Wenige deutschsprachige Autoren der Gegenwart können auf solch eine über 20 Jahre andauernde Anerkennung durch den Literaturbetrieb zurückblicken. Höhepunkt in dieser langen Reihe von Auszeichnungen war 2002 der Georg-Büchner-Preis. Hilbig nahm die Preisverleihungen pragmatisch: In erster Linie konnte er mit den damit verbundenen Geldern Miete und Lebensunterhalt bezahlen. Den Zeremonien der Verleihungen stand er, wie allen öffentlichen Auftritten, skeptisch gegenüber. Er nahm sie hin. Es gehörte dazu, eine Dankesrede zu halten, und der Arbeiter, der in ihm steckte, zog diese Auftritte stoisch und pflichtschuldig durch.

Während seiner letzten zwei Lebensjahrzehnte entwickelte Hilbig eine fundierte Kritik an den Massenmedien und deren bewusstseinsverändernden Einflüssen. In seinen Frankfurter Poetikvorlesungen »Abriss der Kritik« (1995) setzte er sich mit diesem Phänomen auseinander: Die Inhalte unseres Bewusstseins, das heißt, wie wir uns selbst sehen und was unsere Identität ausmacht, werden in der Gegenwart industriell hergestellt. Die verschiedenen Medienkonzerne produzieren sie nach dem Prinzip von Angebot und Nachfrage. Unter diesen »Herstellern von Bewusstseinsinhalten« herrscht großer Konkurrenzdruck. Deshalb sind die Medienkonzerne nicht an der freien Meinungsbildung ihrer Konsumenten interessiert, sondern wollen ihr Produkt um jeden Preis an den Käufer bringen. Was schön ist und was nicht, ist kein Wert an sich, sondern eine Marktentscheidung.

Die gesamte moderne Zivilisation ist von der Bewusstseinsindustrie durchdrungen. Kein Ort bleibt unberührt; eine Boutique ist genauso konsumorientiert ausgerichtet, wie eine Buchhandlung. Hilbig machte kritisch auf diesen Vorgang aufmerksam. Er mahnte, nicht auf das Recht zu verzichten, frei wählen und entscheiden zu können. In seiner Dankesrede zur Verleihung des Literaturpreises der deutschen Schillerstiftung sagte er: *Was suchen wir denn in Kaufhäusern, auf den Märkten des verkappten Bewußtseins (...)? Zunächst suchen wir etwas, das uns an unserer Gestalt gefallen könnte, doch wir werden nicht fündig und wir kehren immer öfter als Enttäuschte zurück. Wir gefallen uns nur in der Freiheit, aber die Freiheit des Käufers muß dem, der etwas verkaufen will, ein Dorn im Auge sein.*

Nach dem Abschluss des »Provisoriums« 2000 geriet Hilbig, der manisch unter der Angst litt, nicht mehr schreiben zu können, tatsächlich in eine Schreibkrise. Es geschah, was er immer befürchtet hatte: Ohne das für ihn existenzielle Schreiben kehrten seine Alkoholprobleme zurück. Wenn er trank, konnte er nicht schreiben – ein Teufelskreis, zu dem noch die Trennung von Natascha Wodin hinzukam. Hilbig verwahrloste immer mehr. Nach dem Gedichtband »Bilder vom Erzählen« (2001) erschien 2003 »Der Schlaf der Gerechten«, ein Erzählband mit Texten, die überwiegend aus den letzten Jahren stammten. Dann verstummte Hilbig weitgehend für die literarische Öffentlichkeit. 2006 wurde bei Hilbig Knochenkrebs diagnostiziert. Die bedrohliche Nähe des Todes gab ihm neuen Auftrieb. Er begann zu kämpfen. Die Boxernatur in ihm erwachte. Gegen den Willen seiner Ärzte fing Hilbig eine kräftezehrende Chemotherapie an. »Ich nehm das sportlich«, sagte er zu Ingo Schulze, der ihn im März 2007 besuchte. Anfang Mai war er zusammen mit einem Freund auf einem Bob-Dylan-Konzert. Begeistert aufgesprungen soll er dort sein, voller Lebensfreunde die rechte Faust in die Luft gereckt. Da war er wieder ganz der Arbeiter, der sich durch den Dreck und den Schmutz seiner Herkunft durchgeboxt hat, der nicht aufhörte, seinen Weg – die Literatur – gegen alle Widerstände zu verfolgen.

Den Erwin-Strittmatter-Preis zwei Wochen später konnte er nicht mehr persönlich in Empfang nehmen. Am 2. Juni 2007 starb Wolfgang Hilbig in Berlin. Er wurde am 9. Juni auf dem Dorotheenstädtischen Friedhof beigesetzt.

III   STIMMEN ÜBER WOLFGANG HILBIG – INTERVIEWS

WOLFGANG HILBIG IST TOT

Es sind die Abwesenden, die zurückbleiben.
Die akademischen Affen pokern um den
              Versotteten Balg.
(es ist als ob ich wiederkommen sollte
und etwas auch als wollt es mich vertreiben)
Die Abdecker kannten einst keinen Unterschied:
Grubenschnaps oder Demarkationslinie.

Der Mohn gedeiht prächtig in diesem Jahr
              (ja, blütenscherben und blutäther.)
Im Weizen, im Raps, in der Gerste stimmt er
              sein Jakobinerlied an.
Der Staub über den Feldern ist gläsern geworden.
Wir vergehen am Unsichtbaren, en passant.

Schweiß und Gift, Gift und Schweiß –
              wir nahmen es hin.
Jeder Vers, der uns ausschloß, der uns
die Schamröte ins Gesicht messern sollte.
Zeitweise erlagen wir wohl einer Illusion,
ohne zu ahnen, wie wenig es dir um ein
              gelungenes Bild ging.

Das Sprechen mühevoll. Es war die den Kellern,
den Krematorien abgerungene Sprache,
die Mundorgel eines geschundenen Landstrichs.
Sie wird uns fehlen. Die Finsternis
hat ihre zärtlichste Stimme verloren.

                            Thomas Böhme, 2007

Der Fasan auf dem Brikettberg – Gespräch mit Thomas Böhme

Thomas Böhme ist Schriftsteller. Er lebt und arbeitet in Leipzig.

Wann sind Sie auf Wolfgang Hilbig aufmerksam geworden?
Wolfgang Hilbig war einer der vielen, die in der Wohnung von Lutz Nitzsche ein- und ausgingen und zu dessen Kreis auch ich gehörte. Bewusst wahrgenommen habe ich ihn, nachdem sein erster Lyrikband »abwesenheit« erschienen war. Während ich das Buch las, stellte sich bei mir ein unglaubliches Erstaunen ein: Den Mann, der da in der Küche saß und sein Bier trank, hätte ich nie mit diesen Versen in Verbindung gebracht. Vor dieser Leistung empfand ich großen Respekt. Durch sein Äußeres und seine Art zu sprechen wirkte er überhaupt nicht wie ein Literat, sondern wie der Kumpel von nebenan. Was bei ihm an literarischer Potenz vorhanden war, dass er wunderbare Lyrik verfasste, war auf den ersten Blick nicht zu erkennen. Diese zwei Seiten an ihm konnte ich immer sehr schwer zusammenführen. Einerseits gab es den Kumpel, mit dem man beim Bier saß und über alles Mögliche redete, nur nicht über Literatur. Andererseits verfasste er Texte, die einem schier den Atem nahmen.

Wenn man die beiden Seiten von Wolfgang Hilbig einander gegenüberstellt – waren das zwei verschiedene Personen?
Erstaunlicherweise nicht, obwohl man so etwas vielleicht erwarten würde. Er blieb immer er selbst, völlig authentisch. Wenn er aus seinen Texten vorlas, hat er nie einen literarischen Ton angeschlagen oder seine Stimme verstellt. Er las die Gedichte, wie er auch sonst sprach, mit einer gewissen Verwunderung über sich selbst. Manchmal stockend, manchmal wirkte er ein bisschen unbeholfen. Es kam nicht von vornherein eine intellektuelle Persönlichkeit zum Vorschein. Die musste man schon heraushören aus dem, was er vortrug. Man merkte aber auch, dass er in diesen Texten lebte. Mitunter waren bei seinen Lesungen auch Germanisten anwesend, die anschließend versuchten, einen intellektuellen Diskurs mit ihm zu führen. Dem hat er sich konsequent verweigert. Jemand konnte zehn Minuten

lang über die Poetik in seinen Texten referieren, wenn er dann selbst etwas gefragt wurde, war die Antwort eigentlich immer sehr schlicht. So als wäre das überhaupt nicht des Nachdenkens für ihn wert. Die Poetikvorlesungen und theoretischen Essays, die er geschrieben hat, zeigen, dass er sich sehr wohl auch theoretisch mit Literatur auseinandersetzte. Er war eben nicht das naive Naturwunder. Aber mit einer großen Bescheidenheit hat er diesen Teil seiner Arbeit immer klein gehalten. Er zeigte sich nach außen hin nicht als besonders belesen oder eloquent.

Hatte Hilbig Texte für die selbst verlegten Zeitschriften, zum Beispiel »Laternenmann« oder »Anschlag« beigesteuert?

Beim »Anschlag« bin ich mir nicht sicher. Gegenüber dem »Laternenmann« hätte er vermutlich qualitative Vorbehalte gehabt. Ich habe ihn allerdings nie gefragt. Er war schon eine Legende, bevor ich anfing, Texte von Freunden und Idolen (vor allem die Beatniks der 50er Jahre) in wenigen maschinegeschriebenen Exemplaren in Umlauf zu bringen. Durch den Debütband bei S. Fischer war Hilbig quasi über Nacht in den literarischen Olymp aufgenommen. Ungefragt etwas abzuschreiben, hätte ich nicht gewagt, andererseits hatte ich Scheu, ihn um Unveröffentlichtes zu bitten, ich hatte ja selbst noch kein einziges Buch vorzuweisen.

Wie ist er mit diesem Legenden-Status umgegangen?

Sein Rang als Dichter war ihm bewusst. Das zeigt schon die 1968 aufgegebene Annonce in der NDL. Die späteren Ehrungen und Preisverleihungen nahm er selbstverständlich, wenn auch ohne Hochmut entgegen. Sie waren nur das Korrektiv für die jahrelange Ignoranz durch die Kulturfunktionäre der DDR und das Misstrauen, das er mit seinem Schreiben unter den Arbeitskollegen erregt hatte. Er hatte den Mythos vom schreibenden Arbeiter ebenso durchschaut wie den vom Leseland DDR und wusste, dass Schreiben eine Form der Absonderung war, die man um so weniger verzieh, je origninärer die Texte waren.

War ihm die Arbeit in den Industriebetrieben mehr als nur das Sujet seiner Texte?

Darüber könnte ich nur spekulieren. Ich denke schon, dass sie ihm ein gewisser Halt, eine Sicherheit war. Der Status »freier Schriftsteller« schafft einen enormen Druck, den Erwartungsdruck der Verlage und der Leser. Was, wenn einem dann nichts mehr einfällt? Solche Horrorvisionen kommen auch in seinen Texten vor, etwa in »Die Kunde von den Bäumen«, wo ein Schriftsteller zwanzig Jahre über einem Satz brütet.

Die Arbeit war das äußere Gerüst seines Lebens?

Ja, zumindest in der Zeit, als er noch weit entfernt war von öffentlicher Wahrnehmung. Später hat er ja als »freier Autor« seine wichtigsten Romane geschrieben, das heißt, er war stark genug, den Druck auszuhalten, was nicht gleichzusetzen ist mit einer gesicherten Existenz. Wie gefährdet er sich fühlte, kann man an der autobiografischen Gestalt im »Provisorium« gut nachvollziehen.

Was war der Grund, warum in Meuselwitz so viele künstlerische Talente nach außen traten?

Ich weiß jetzt gar nicht, ob es wirklich so viele sind. Ich denke aber, dass der Erfolg Wolfgang Hilbigs auch andere ermutigt hat, an die Öffentlichkeit zu treten. In so einer Kleinstadt, wo jeder jeden kennt, ist der Anpassungsdruck enorm groß, da wirkt einer, »der es geschafft hat« als Katalysator für jeden, dessen Begabung vielleicht sonst verkümmern würde. Generell ließe sich sagen, dass gerade eine so geschundene Landschaft wie das Bergbaugebiet südlich von Leipzig die künstlerische Fantasie weckt. Wesentliche Literatur ist seit dem Expressionismus aus der Auseinandersetzung mit den Folgen der Industrialisierung der Vergiftung ganzer Landschaften entstanden.

Wie sah Ihr Kontakt zu ihm nach seiner Ausreise aus?

Er schrieb gelegentlich Postkarten, nie Briefe, immer nur Karten. Hin und wieder schickten wir uns gegenseitig unsere neuesten Bücher. So wusste man voneinander, und ich lernte erst jetzt den fulminanten Erzähler Hilbig kennen. Persönlich getroffen haben wir uns erst nach der Wende. Wir lasen zusammen in der Galerie Eigen+Art, damals noch in der Fritz-Austel-Straße.

Nachdem Sie sich wiederbegegnet waren: Hatte ihn die Zeit in Westdeutschland verändert?

Nein. Er hatte keinerlei Allüren oder Gesten angenommen. Er war und blieb absolut authentisch, bis hin zum Dialekt. Wohl auch zum Verdruss vieler Leute, die gerne irgendwelche Statements von ihm haben wollten.

Wie ist er eigentlich mit dem Thema Wende umgegangen?
Ich denke, er hat sich keine Illusionen gemacht. Die Euphorie war ihm fremd, die manche angesichts der Wiedervereinigung befallen hat. In der Erzählung »Die elfte These über Feuerbach« hat er sich sehr kritisch mit der Welt des schönen Scheins auseinandergesetzt. Der Untergang der DDR konnte ihn allerdings nicht überraschen, denn er hatte ihn ja literarisch längst vorweggenommen als Verfall und absurdes Theater.

Wie ist er mit dem Medienrummel um sein Werk und seine Person umgegangen?
Er versuchte das abzuwimmeln, wo immer es ging. Ich glaube, er hat nicht gerne Interviews gegeben. Es war ihm nicht angenehm. Er hatte wahrscheinlich nur akzeptiert, dass der literarische Ruhm solche Zugeständnisse verlangt. Gerne gemacht hat er es auf keinen Fall. Ich glaube, es hat ihn auch viel mehr Mühe gekostet, ein Interview zu geben, als ein paar Seiten Prosa zu schreiben.

Was war er für ein Menschentyp an sich?
Auf den ersten Blick wirkte er verschlossen. Aber wenn man ihn näher kannte, hatte man das Gefühl, dass in ihm eine Grund-Ehrlichkeit und Offenheit war. Ich hatte nie das Gefühl, dass er bewusst etwas nicht sagen wollte oder zurückhielt. Er war nicht unbedingt der Mitteilsamste, aber wenn er etwas sagte, dann konnte man hundertprozentig davon ausgehen, dass das Gesagte Hand und Fuß hatte. Er war überhaupt kein Taktierer, niemand, der in Diskussionen versuchte, seine Position besonders hartnäckig zu vertreten. Man konnte auch gut und gerne eine halbe Stunde mit ihm zusammen sitzen, ohne dass jemand etwas sagte.

Was ist das Unverwechselbare seines Werkes?
Die Fähigkeit, die schmutzigste und widerwärtigste Landschaft mit Worten zu beschreiben, die wahre Schönheit ausstrahlen.

Er hätte auch auf Feuerland so geschrieben –
Gespräch mit Peter Geist

Peter Geist, geboren und aufgewachsen in Leipzig, ist promovierter Literaturwissenschaftler. Er lebt und arbeitet in Berlin.

Wie sind Sie auf Wolfgang Hilbig aufmerksam geworden?
Ich gehörte Mitte der 70er Jahre zu einem Kreis junger Intellektueller, die sich jeden Montag in der Wohnung von Lutz Nitzsche-Kornel trafen, um einander eigene Texte und literarische Fundstücke vorzulesen, Musik zu hören, Verrücktheiten zu unternehmen und ein 68er Feeling im tiefsten Osten zu durchschmecken. Einige der Gefährten, auch der Hausherr selbst, kamen aus Meuselwitz und verbreiteten die Saga, dass es dort einen Heizer gebe, der explosive literarische Texte verfasse und schon mehrere tausend Seiten für die Schublade produziert hätte. Dementsprechend gespannt waren wir, diesen Heizer kennenzulernen.

An die erste richtige Begegnung mit Wolfgang Hilbig kann ich mich noch sehr genau erinnern: Ich hörte ihn 1976 bei einer Lesung in der Wohnung und war sofort von der Wucht der Bilder, der funkelnden Dunkelheit seiner Sprache tief beeindruckt. Es war ein Moment erschütternder Plötzlichkeit mit weitreichenden Folgen für meine Auffassungen von Poesie. Ich lernte Hilbig also erst einmal über seine Texte kennen. Innerhalb unseres Kreises trafen wir uns des Öfteren auch am Wochenende, sind gewandert, es wurden unangemeldete Festivals etwa in Steinbrüchen unweit von Leipzig zustande gebracht und ähnliche Dinge. Begegnungen mit Wolfgang prägten sich, gerade weil er immer auf eine wunderbare Weise präsent war, ins Gedächtnis, bis ins Anekdotische. So stürmten während meines Grundwehrdienstes 1980, als ich beim »Ausgang« zu einer Fete des Kreises beim Kleiderwechsel zur Rückkunft in die Kaserne meinen Wehrdienstausweis in meinen Zivilklamotten beließ und mit einem Militär-LKW darob zurückgefahren wurde ihn einzuholen, die trunkenen Freunde zu meinem Entsetzen das verhasste Militärobjekt. Sie hatten dann zwar ein Einsehen mit mir und der Militärgewalt, allein Wolfgang war schon auf der Ladefläche eingeschlafen und erwachte am nächsten Morgen innerhalb des militärischen Objekts der Olbricht-Kasernen Leipzig-Nord. Was er dann wahrnehmen musste, konnte seine Sicht aufs Groteske und Unheimliche seiner, unserer Existenz nur befördern.

Wolfgang war nie ein besonders gesprächiger Mensch. Wir haben durchaus manche Abende fast schweigend in der Kneipe verbracht. Dann gab es wieder Momente, in denen er sehr schwungvoll pointenreiche Geschichten erzählen konnte. Über Wolfgangs Kontakte zum S. Fischer Verlag gelangten übrigens etliche Gedichtbände von Autoren in Umlauf, die in der DDR nicht präsent waren, zum Beispiel Rolf Dieter Brinkmann oder Wolf Wondraschek, über die dann heftigst diskutiert wurde.

Hilbig war knapp 20 Jahre älter als Sie und viele andere in Ihrer Gruppe. Außerdem hatte er einen anderen Hintergrund durch sein Herkunftsmilieu und seine Arbeit als Heizer. Fiel er dadurch besonders auf, wurde er anders behandelt?

Wolfgang fiel auf, aber nicht durch seinen Arbeitshintergrund. Viele der Leute aus unserem Kreis schlugen sich mit den verschiedensten Jobs druch – Lutz Nitzsche arbeitete eine Zeit lang im Wildpark, Igel arbeitete bei der Blutspende, Thomas Böhme als Bibliothekar, alles Jobs nach abgebrochenen Integrationsversuchen in die Gesellschaft mittels Studium. Der Unterschied zu Hilbig bestand darin, dass Thomas Böhme und Jayne-Ann Igel noch am Anfang ihrer Lyriker-Laufbahn standen und ihren Weg suchten. Hilbig dagegen trat uns als vollkommen fertiger, hoch imposanter Dichter entgegen. In diesem Sinne wurde ihm schon ein besonderes Maß an Aufmerksamkeit und Achtung zuteil. Zugleich war er immer kollegial, freundschaftlich und neugierig auf die Erfahrungen und Texte von uns Jüngeren. Es tat sich nie eine Generationenkluft zwischen uns auf. Der Umgang mit ihm war erst einmal völlig unkompliziert. Später versuchte er immer wieder, die Kontakte, die er hatte, auch anderen zu vermitteln. Einmal brachte er sogar Franz Fühmann mit in die Wohnung von Lutz Nitzsche-Kornel.

Hilbig ist 1978 für knapp vier Jahre nach Berlin gezogen. Blieb der Kontakt zur Leipziger Szene in dieser Zeit bestehen?

Wenn er nach Meuselwitz zu seiner Mutter fuhr, hat er oft in Leipzig Zwischenhalt gemacht. Die Verbindung ist nie abgerissen. Auch in der Zeit, in der er in der Bundesrepublik lebte, tauchte er überraschend in Leipzig auf. Das Café Corso, der legendäre Treffpunkt vieler Künstler in Leipzig, war so ein Ort, wo man sich begegnen konnte.

In seinen Texten beschrieb er sehr intensiv die Verwüstungen in der Landschaft und in den Menschen. Hat er darüber eine politische Aussage transportiert?

Wolfgang trug nie eine vordergründig dick aufgetragene Opposition zur Schau. Es war eher ein grundlegend gestörtes Weltverhältnis, das ihn umtrieb und in seinen Texten Sprachgewalt erlangte. Er verbindet darin zwei Aspekte miteinander: Einerseits eine prinzipiell moderne Kritik an einer Industriegesellschaft, die den Menschen nur in seiner instrumentellen Zurüstung wahrnimmt, andererseits ist es der Zugriff auf etwas Darunterliegendes, etwas Archaisches, was sich oftmals nur in Trauer, Absurdität und Verzweiflung äußert. Das ist auch der Grund, warum er nach der Wende völlig zäsurlos weiter schreiben konnte. Er hätte auch auf Feuerland schreiben können und seine Texte wären nicht maßgeblich anders gewesen.

Was an Hilbig immer wieder fasziniert, ist die ungelöste Frage, wie dieser aus bildungsfernen Schichten stammende Autodidakt wusste, was gute Literatur ist.

Zum einen durch ein rational nicht zu erklärendes Gespür für gute Literatur. Zudem waren Bücher in der DDR billig, und die Hausgötter Wolfgangs waren noch in der abgeschiedensten Provinz in Bibliothek und Buchhandlung zuhanden: Poe, Baudelaire, Novalis. Hilbigs Credo war immer: Ich orientiere mich an dem Besten der Weltliteratur. Zum anderen war bei ihm der unbedingte Wille vorhanden, sich selber aus dem Dreck zu ziehen. In einer weitgehend egalitären Gesellschaft wie der DDR-Gesellschaft gab es auch größere Durchlässigkeiten zwischen den Schichten, zuweilen über skurrile Wege. Die Begründung schriftstellerischer Existenzen wie die etwa von Werner Bräunig, Uwe Greßmann und eben Wolfgang Hilbig hängt auch mit dieser Gegebenheit, bei allem entscheidenden Eigensinn, zusammen. Außerdem hatten wir in der DDR ein ganz anderes Zeitvolumen als heutzutage, eine allgemeine Langsamkeit, die viel Platz für Lektüre und ungefragte Reflexion bot.

Er kämpfte hart um seine Texte – Gespräch mit Volker Hanisch

Volker Hanisch, geboren in Altenburg und aufgewachsen in Meuselwitz, ist Lektor. Er lebt und arbeitet in Leipzig.

Wie haben Sie Wolfgang Hilbig kennengelernt?
Ich bin Mitte der 70er Jahre in Meuselwitz auf ihn aufmerksam geworden: Unter den vielen, die am Wochenende im »Stadthaus«, der Tanzdiele des Ortes, vor ihrem Bierglas saßen, war da einer, von dem mir mein Bruder erzählt hatte, er schriebe seit Jahren Gedichte. Das gemeinsame Interesse an Literatur führte uns zusammen. Ähnliche Kindheitsbezüge – auch wenn »Kaschi«, wie ihn alle nannten, etliche Jahre älter war – kamen später, wenn wir uns außerhalb von Meuselwitz trafen, als verbindendes Element hinzu.

Seit Ende der 70er Jahre gab es in Leipzig eine sehr rege inoffizielle Kulturszene mit verschiedenen Künstlergruppen, in denen Sie und Hilbig sich bewegten. Wie ist man damals mit dem Wissen umgegangen, dass die Stasi möglicherweise jede Veranstaltung infiltriert hatte?
Das war von Gruppe zu Gruppe und je nach persönlichen Erfahrungen sicher unterschiedlich. Der Kreis jedenfalls, der sich in der Wohnung von Lutz Nitzsche-Kornel traf und zu dem auch ich gehörte, sah das eher locker. Wir versuchten, sowohl die Stasi als auch den Staat an sich nicht allzu ernst zu nehmen. Der künstlerische Ausdruck, den wir dafür gefunden hatten, war eine Art Spaßgegenkultur mit Feten, Musik, experimentellem Theater usw. Nach Möglichkeit verbanden wir Lesungen, Vorträge und Diskussionsrunden aber auch mit dem halboffiziellen Klubhaus- und Universitätsleben.

Sie kannten Hilbig über einen Zeitraum von mehr als 30 Jahren. Sie lernten ihn kennen, als er noch ein Arbeiter war, der schrieb und nicht veröffentlichen konnte. Dann die erste große Zäsur seines Lebens: die Publikation von »abwesenheit«, und schließlich trafen Sie ihn nach der Wende als im Literaturbetrieb fest etablierten Autor wieder. Was war er für ein Mensch? Hatte er sich in dieser langen Zeit verändert?

In seinem Charakter habe ich ihn als relativ konstant in Erinnerung. Natürlich ist der Publikationserfolg an ihm nicht spurlos vorbeigegangen, aber sein Wesen hat er nicht berührt. Ich glaube, er lebte sehr aus seiner Innenwelt. Er war ein stiller Mensch, dem man seine Herkunft aus der Arbeiterklasse sofort ansah, ebenso seine Skepsis gegenüber allem Intellektuellen und gegenüber pseudointellektuellem Gequatsche. Einmal habe ich ihn zornig erlebt: Es ging in einer Diskussion um die Unterschiede zwischen einem Arbeiter, der schreibt, und einem Akademiker, der über Literatur schreibt. Ich glaube, er fühlte sich in seinem Schreiben abgewertet und ertrug das nur schlecht. Dafür hatte er als Autodidakt zu hart um jeden seiner Texte gekämpft.

Was an Hilbig immer wieder fasziniert, ist die unglaubliche Energie, mit der er sich nach acht Stunden voll harter körperlicher Arbeit noch an seine Texte setzt.

Neben diesem Innere-Natur-Umstand, dass er ohnehin irgendwie schreiben musste, denke ich, war sein Schreiben auch ein Anschreiben gegen einen grauen, entfremdeten Arbeitsalltag, ein kleinstädtisches, literaturfeindliches Dasein, das er dadurch versuchte zu bewältigen. Vieles in seinen Texten sollte man metaphorisch sehen. Wie bei Edgar Allan Poe oder E. T. A. Hoffmann bildet die Realität sozusagen die Kulisse, in die das Fantastische eingebunden ist. Die Fantasie war die treibende Kraft in seinem Leben und seine Überlebensstrategie. Das begann schon recht früh, als Hilbig in seiner Schulzeit Wildwestgeschichten schrieb.

Ein ambivalentes Verhalten: Einerseits die gedankliche Flucht in die Fantasie. Andererseits hätte er sich die Welt anschauen können, nachdem er im Westen war. Er verreiste jedoch so gut wie nie und wenn, dann meist nur in eine Richtung: gen Osten, in seine Heimat.

Ja, er hing trotz allem noch sehr an Meuselwitz, wo seine Mutter wohnte und noch wohnt. Ich erinnere mich gut an eine Begegnung, die ich mit ihm im Dezember 1985 hatte: Ich traf ihn im Bus nach Meuselwitz. Wir unterhielten uns und er erzählte mir, wie er für seine Wohnung in Hanau eine Brikettzange gekauft hatte. Hilbig war durch ein westdeutsches Kaufhaus geirrt, und nach langem Suchen entschied er sich für eine Kohlenzange aus dem untersten Regal: unscheinbar, preiswert und mit dem Stempelaufdruck »Made in GDR«. Am Schluss der Geschichte sah er mich mit einem merkwürdig verlorenen Lächeln an.

Dann war ihm die Arbeitswelt in der DDR mehr als nur das Sujet seiner Texte?

Einerseits hasste er sie, andererseits hatte sie eine stabilisierende Funktion für sein Leben. Die Arbeit band ihn, wenn auch widerwärtig, in diese Gesellschaft ein. Ab dem Zeitpunkt, als er nur noch schrieb, litt Hilbig beständig unter der Angst, nicht mehr schreiben zu können. Er fing an, die Abgabetermine für seine Bücher zu überziehen, manchmal um einen Zeitraum von ein oder zwei Jahren.

Dem Schreiben das Leben geopfert – Gespräch mit Jayne-Ann Igel

Jayne-Ann Igel ist Schriftstellerin. 1954 in Leipzig geboren, lebt und arbeitet sie heute in Dresden.

Wie haben sie Wolfgang Hilbig kennengelernt?
 In meinen Freundeskreis waren viele, die aus Meuselwitz stammten – Tom Pohlmann, Volker Hanisch, Lutz Nitzsche-Kornel. Seit dem Ende der 70er Jahre haben wir uns regelmäßig bei Lutz Nitzsche-Kornel in der Rosa-Luxemburg-Straße zu diversen Happenings getroffen. Irgendwann tauchte Wolfgang zu so einer Veranstaltung auf und gehörte fortan mit dazu.

Was waren das für Happenings?
 Sehr unterschiedliche Sachen. Beliebt waren Lesungen auf der Leiter. Wir haben aber auch kleine Stücke aufgeführt, teils aus dem Stegreif, teils vorher geprobt. Aber alles fand privatim statt. Eine Öffentlichkeit in dem Sinne gab es nicht und konnte es auch nicht geben. Das Extravagante war allerdings nicht Wolfgangs Sache. Wenn er las, dann ganz normal auf einem Stuhl sitzend oder im Stehen. Trat Kaschie mit seinen Texten in Erscheinung, war das immer ein beeindruckendes Erlebnis. Zum Beispiel das an E. A. Poe's »the raven« angelehnte Gedicht (»war das gedicht der rabe von e. a. poe« [K. L.]), in dem Kaschie das von Poe Gesagte auf so eindringliche Weise transparent macht.

Kaschie?
 So haben wir ihn immer genannt. Wolfgang sagte von uns niemand zu ihm. »Kaschie« ist von Kaszimier abgeleitet, dem Namen seines Großvaters.

Wolfgang Hilbig gehörte zu dieser Zeit auch dem Kreis um Gert Neumann und Heidemarie Härtl an. Haben sich die verschiedenen Künstlergruppierungen damals gemischt? Gab es untereinander Kontakt?
 Ja, wir kannten uns. Mit Gert Neumann haben wir später die inoffi-

zielle Zeitschrift »Anschlag« herausgegeben. Wolfgang stand dieser Heftekultur anfangs sehr skeptisch gegenüber. Er bemängelte die Qualität der aufgenommenen Texte. Teilweise musste ich ihm in seiner Kritik recht geben. Wir wollten damals für alles offen sein und haben dadurch manchmal auch schauderhafte Texte abgedruckt.

Fühlten sie sich damals politisch motiviert?
Wir haben uns intensiv mit der Beatnik-Bewegung beschäftigt. In erster Linie war das eine Frage der Lebenseinstellung, auf einer anderen Ebene wurde dadurch aber auch eine politische Bewusstseinslage transportiert. Das ruhelose Unterwegssein in der Prosa von Jack Kerouac, William S. Burrough oder Allen Ginsberg war uns vertraut.

Wie haben Sie ihn als Mensch wahrgenommen?
Er war kein expressiver Typ, eher ruhig und bedächtig, kein Mensch, der viele Worte machte. Aber wenn man etwas von ihm wissen wollte, war er sehr auskunftsbereit. Wenn allerdings Literaturwissenschaftler ihm intellektuelle Gespräche aufdrängen wollten, ließ er sich nie darauf ein. Das, was er zu sagen zu hatte, stand in seinen Texten. Weil man ihm sein literarisches Potenzial nicht auf den ersten Blick ansah, wirkte er im Literaturbetrieb immer ein bisschen verloren.

Wieso hatte er als Schriftsteller in der DDR keine Chance? Sein äußeres Leben passte doch wunderbar zur Doktrin vom schreibenden Arbeiter.
Seine Texte waren dunkel und mehrdimensional. Er schrieb, was er schreiben wollte und nicht das, was die Funktionäre von einem schreibenden Arbeiter erwarteten: Eindeutigkeit, Optimismus und Fortschrittsglaube. Mit dem sozialistischen Realismus aus den 60er Jahren konnte Wolfgang nichts anfangen. Auch als sich die Bestimmungen in den 70er Jahren etwas gelockert hatten: Kaschie blieb seiner Art zu schreiben treu und damit im Literaturbetrieb in der DDR außen vor.

Hat er unter diesem Nicht-gehört-Werden in der DDR gelitten?
Er hat das nie thematisiert. Ich glaube aber schon, dass er sehr darunter gelitten hat. Die Anzeige, die er damals in die »NDL« gesetzt hat – »Welcher deutschsprachige Verlag veröffentlicht meine Gedichte? Nur ernstgemeinte Zuschriften an W. Hilbig, 7404 Meuselwitz, Breitscheidstraße 19b« – ist natürlich in erster Linie ein Schelmenstück. Sie zeugt aber auch von einem un-

geheuren Leidensdruck: Einer der sich diszipliniert Nacht für Nacht nach der Arbeit hinsetzt und schreibt, möchte natürlich, dass etwas davon an die Oberfläche kommt. Er war sich des Wertes dessen, was er macht, schon bewusst, aber ohne Selbstüberschätzung. Dass die Verlage ihn immer wieder abgewiesen haben, war für ihn eine bittere Erfahrung. Aber er hat diesen Konflikt nie nach außen getragen, nie gejammert oder lamentiert.

Warum hat er solange an seinem Dasein als Arbeiter festgehalten?
In der DDR gab es eine verfassungsrechtlich verankerte Arbeitspflicht. Wer keinen festen Arbeitsvertrag vorweisen konnte, schwebte immer in der Gefahr, den Behörden aufzufallen, die dann wiederum pedantisch nach einem Grund für eine strafrechtliche Verfolgung suchten. Die Arbeiter-Jobs waren für Wolfgang unter anderem eine Möglichkeit, dieser latenten Kriminalisierung zu entgehen.

Was hat er von seinen ersten Jahren in Westdeutschland erzählt? Wie hat er diesen »Systemwechsel« wahrgenommen?
Er hat anfangs nur aus dem Koffer gelebt, was der Titel »Provisorium« sehr gut beschreibt. Er befand sich permanent auf der Durchreise, fuhr oft in die DDR zurück. Ich glaube, er war sehr einsam zu dieser Zeit. Sicher gab es auch im Westen einzelne Menschen, an die er sich wenden konnte – sein Verleger Thomas Beckermann und später Natascha Wodin – aber die ganzen Alltagskontakte, die er hier in Leipzig hatte, fehlten. Sein Alkoholkonsum nahm damals wohl auch rapide zu. Endgültig zurück in die DDR konnte er aber nicht, es hätte für ihn bedeutet, nicht mehr veröffentlichen zu können. Ich glaube, das war für ihn schlimmer als das Gefühl der Einsamkeit.

Kunst als Aufbruch aus der Ausweglosigkeit – Gespräch mit Dieter Kalka

Dieter Kalka ist Schriftsteller und Liedermacher. Er lebt und arbeitet in Leipzig.

Wie sind Sie auf Wolfgang Hilbig aufmerksam geworden?
Kennengelernt hatte ich ihn, da war er gerade aus der U-Haft gekommen. Das war im Lindenhof und Thomas Franke machte mich mit ihm bekannt. Ich wusste gar nicht, daß es außer Lutz noch jemanden in Meuselwitz gab, der schrieb. Wir konnten uns von Anfang an gut leiden und trafen uns öfter. Einmal kam ich und Fühmann war bei ihm. Er stellte mich vor und sagte: »Das is ooch'n Dichter«. Führmann wollte wissen, was ich schreibe und ich sollte ihm was schicken. Aber ich war damals ganz am Anfang und unsicher.

Was war das damals für eine Atmosphäre in Meuselwitz?
Das passt schon in diese Zeit, die er auch in den ersten Gedichten von »abwesenheit« beschreibt: eine Existenz, die sich immer im Kreise dreht. Früh aufstehen, am Wochenende in die Kneipe, gegen den Laternenpfahl rennen. Dieses Lebensgefühl hatten viele: Du kannst machen was du willst, du kommst nicht raus aus der Tretmühle. Ich hatte Abi und studierte und hatte eine andere Aussicht. Hilbig nicht.

War das Schreiben für ihn dadurch eine Art Gegenpol zu der Realität, die scheinbar nicht zu überwinden war?
Er hat das »stimme stimme« genannt. Für mich wars so: Bevor die andern mir einreden, wie die Welt sei, will ich notieren, wie meine Welt ist. Ich denke, damit ist das gleiche gemeint.

Wie war Ihr Kontakt zu ihm in Leipzig?
Wir trafen uns in der Wohnung von Lutz, zu Szene-Veranstaltungen oder im Jugendclubhaus Steinstraße, auch zu Wochenendaktivitäten wie zur

»Pyramidenfete« oder in der Nervenheilanstalt Hochweitzschen zu einer Fete mit Konzert und Lesung. Manchmal sahen wir uns zufällig in der Stadt. Bei ihm in der Spittastraße war ich selten. Silvia Morawetz meinte, er müsse schreiben und wir hielten ihn davon ab. Sie hat uns nicht reingelassen.

Wie ist Hilbig damit umgegangen, in der DDR kaum etwas veröffentlichen zu können?
    Das haben mehr oder weniger alle aus unserem damaligen Freundeskreis durchgemacht. Und alle haben darunter gelitten, wenn sie die belanglosen Texte in »Temperamente« lasen. Hilbig hatte damit abgeschlossen, dafür aber Westkontakte. Ich nehme an, er traf seinen Lektor während der Buchmesse in Leipzig und gab ihm das Manuskript zu »abwesenheit«.

Als Hilbig freischaffender Schriftsteller wurde, war er ein fast vierzigjähriger Mann, der sein ganzes Erwachsenenleben in den Strukturen der Arbeitswelt verbracht hatte. Wie hat er diesen Wechsel verkraftet?
    Er ist mit dem Vertrag von Sinn und Form, da waren 5 Texte erschienen, nach Altenburg und hat sich den Stempel »freiberuflich« ins SV-Buch geben lassen. Wir hatten mal darüber geredet, woraus die Substanz besteht, aus der man schreibend schöpft. Er meinte, dass alles, was man wahrgenommen hat, alle Gerüche, auch die ganz frühen Erinnerungen, wichtig sind. Daraus schöpft man fürs Schreiben. Ist der Vorrat aufgebraucht muss man wieder »ins Leben« zurück. Das fand ich sehr imponierend. Ich war ja auch Autodidakt und wusste nicht, wie es geht. Hier hatte ich jemanden gefunden, der schon ein paar Schritte weiter war und sich dabei in einer viel aussichtsloseren Situation befand. Über solche Sachen haben wir uns öfter unterhalten, auch über künstlerische Formen wie Alliterationen oder den Reim, den er übrigens nicht mochte.

Welche Bedeutung hatte das Boxen für Hilbig?
    Es gab einen Sportclub in Meuselwitz, in dem Hilbig ein paar Jahre lang regelmäßig trainierte. Aber ich glaube das Boxen an sich hatte in seinem Leben eine tiefere Dimension, es war fast schon ein Symbol: sich durchschlagen oder durchboxen, in einem Kampf solange durchzuhalten, bis der Gegner geschwächt ist und dann zum alles entscheidenden Schlag ansetzen. Das war seine Art, mit dem Leben fertig zu werden.

Das sind ja völlig ambivalente Wesenszüge: Einerseits die ästhetische Beschäftigung mit der Literatur und dann diese gewalttätige Sportart.
　Ja, das ist paradox. Hilbig hatte jahrelang in einer Umgebung gelebt, die extrem kunstfeindlich war. Das Boxen steigerte möglicherweise seine Wahrnehmung dessen bis ins Extrem. Und von diesem Extrem hat er sich mit seiner Kunstsprache abgesetzt.

Was war er für ein Menschentyp?
　Er war ein ganz stiller und auf seine Art sehr gutmütig. Wenn man ihn etwas fragte, überlegte er immer sehr lange und dann kamen Antworten, die man so nicht erwartet hatte, aus einer ganz anderen Richtung.

Hat ihn der Medienrummel um seine Person verändert?
　Ich denke, sein Wesen blieb davon weitestgehend unberührt. Aber er hat es schon genossen, in der Literaturszene Fuß gefasst zu haben. Was die Lesungen und den Literaturbetrieb betrifft, so hat doch die Intellektuellen fasziniert, dass dieser Mann mit der gepressten Stimme, mit dem seltsamen Dialekt, auch noch ein Arbeiter, das geschrieben hat. Damit ist er sich selbst treu geblieben. Er musste sich nicht verstellen.

Tausend Buchhandlungen wurden ihm zu einer – Gespräch mit Georg Klein

Georg Klein, 1953 in Augsburg geboren, ist Schriftsteller. Er lebt und arbeitet in Heinitzpolder/Ostfriesland. 2002 hielt er die Laudatio zur Verleihung des Büchnerpreises an Wolfgang Hilbig.

Wie haben Sie Wolfgang Hilbig kennengelernt?
Meine Urbegegnung mit Wolfgang Hilbig war ein Leseerlebnis. Dennoch kann ich mich daran szenisch-körperlich wie an den Zusammenstoß mit einem anderen Leib erinnern: Im Winter 1985 war ich ein nahezu unveröffentlichter, sehr unsicherer Schreiber, der insgeheim wohl nichts mehr fürchtete, als einem wirklich starken Gegenwartsautor ins Auge seiner Texte blicken zu müssen. Ich hatte mir aus der germanistischen Bibliothek der TU Berlin übers Wochenende ein paar Neuerscheinungen ausgeliehen, lag abends im Bett und hatte schon zwei Bücher nach kurzem Anlesen wieder weggelegt. Ich griff mir das nächste, und nach ein paar Seiten merkte ich, dass mich der Text völlig hingerissen hatte. Da war die ersehnte Empfindung höchster Gegenwärtigkeit. Die Sprache hat jede schützende Distanz unterwandert. Ich glaubte diesem Stil. Die Euphorie blieb allerdings nur kurz ungetrübt. Der Name des Autors sagte mir nichts. Was, wenn er zu meiner Altersgruppe gehörte? Der schrieb mich mit links an die Wand.

Zaudernd wendete ich das Buch und sah eines dieser Hilbig-Fotos. Es war mir so gleichgültig, wie der Großteil der biographischen Angaben. Ich suchte nur nach dem Geburtsjahr. Gott sei Dank: Da stand eine 4 und keine 5. Ich durfte also getrost bewundernd zu ihm aufsehen.

Inzwischen gebe ich nicht mehr viel auf das Konzept der Generation. Bei den wirklich guten Autoren vernebelt es das Wichtigste, wenn man sie zwanghaft im Dunstkreis ihrer Altersgenossen sieht. Dennoch ist die phänomenale Überlegenheit seiner Prosa für mich weiterhin ein gut gehütetes Tabu der Hilbig-Rezeption. Man stempelte ihn als Ost-Autor ab, um die schreibenden Altersgenossen im Westen nicht allzu gründlich mit ihm vergleichen zu müssen.

Welches Buch hatten Sie damals von ihm gelesen?
Es war ein Band mit drei langen Erzählungen: ›Der Brief‹.

Sie sind ihm dann 1989 real begegnet. Hat sich in der Zwischenzeit in Ihrem Verhältnis zu ihm irgendwas geändert? Hat sich da eine Spannung aufgebaut, eine Erwartungshaltung?
Es hatten sich zwei Sachen verändert: Zum einen las ich mehr von ihm und ahnte, dass hinter dem Namen Hilbig ein Werk steht. Zum anderen war ich in meinem Schreiben weitergekommen. Ich traute mich erst leibhaftig an ihn heran, als ich das Gefühl hatte, mich auch als Autor nicht vor ihm genieren zu müssen.

Im Nachhinein halte ich das für einen rechten Unsinn, der ganz meiner inneren Hilbig-Vergötterung entsprang. Ich hatte die Größe, das grandiose Format meiner Leseerfahrung schlicht auf den mir unbekannten Menschen projiziert. Übrigens las ich damals kein Feuilleton, hatte also auch keine Vorstellung von Hilbigs Geltung im Literaturbetrieb. Ich kannte bloß seine Texte und habe ihn aus dieser Perspektive, aus dieser intimen Ferne, idealisiert. Als ich dann zu meiner ersten Hilbig-Lesung aufbrach, war mir nicht klar, dass ich ihn nun als Menschen und zugleich bei seiner Betriebsarbeit erleben würde. Ich habe den Abend wie einen David-Lynch-Film in Erinnerung, einen Film, den man unter verschärften Rezeptionsbedingungen, festgeschnallt an seinen Kinositz und auf einer Rundum-Leinwand, erleben muss.

Wo war das?
In einer Buchhandlung in Berlin-Steglitz, in einem schon damals ein wenig aus der Zeit gefallenen Geschäft. Man hatte die üblichen drei Reihen Klappstühle aufgestellt, auf denen sich schon eine Handvoll Leutchen niedergelassen hatten. Mein Blick schweifte durch den gedämpft beleuchteten Laden, und dann sah ich ihn auf einen Stuhl an der Wand hocken, eine Figur des Jammers, ein kleiner Mann mit einem arg dicken Bauch, der in einen viel zu engen kanariengelben Nickipulli gespannt war. Ein schweißnasses Gesicht, lange verschwitzte Haare. In den realexistierenden Augen des von mir verehrten Dichters glänzte nicht der poetische Furor, sondern der abendliche Fieberschub einer bösen Grippe.

Später erklärte Hilbig dem Publikum, dass er tatsächlich seit Tagen hohes Fieber habe und es wohl ein Fehler gewesen sei, aus Edenkoben anzureisen. Bevor die Lesung begann, bemerkte ich ein Rucken, Knirschen und Raunen aus der Reihe hinter mir. Der wuchtige Glatzkopf, der dort saß und der Ursprung der nervösen Geräusche war, stand offensichtlich unter einem unheimlichen Druck. Ich wunderte mich über seine hörbare Anspannung, über das zischelnde Flüstern ins Ohr seiner Begleiterin, begriff aber nicht, dass es sich bei ihm schlicht ebenfalls um einen Schreibenden handelte.

Es war eine Doppellesung. Zuerst trug ein westdeutscher Altersgenosse Gedichte vor, die ich als gut gemeint und brav gemacht in Erinnerung habe. Dann war Hilbig dran. Er trat an ein Stehpult und hob an in einem Idiom, das ich zuvor noch nie gehört hatte, in seiner speziellen Verschärfung dieser rund um Meuselwitz praktizierten Vokal- und Konsonantenfolter. Er wolle einen Prosatext und abschließend ein einziges Gedicht lesen. Dann richtete er seinen fieberverschleierten Blick in die Regale hinter dem Publikum, kniff die Augen zu Äuglein zusammen und nannte, jäh ins Hochdeutsche stürzend, den Titel der Erzählung: ›Der Spleen der Toten‹. Mir lief es eiskalt den Rücken runter. Er las schaurig gut. Ich habe ihn danach noch oft gehört, und immer lag die Qualität des Vortrags irgendwo zwischen okay und katastrophal. An diesem Fieberabend aber war er fantastisch. Ich war erneut, auf eine neue Weise, hingerissen. Wenn man jemanden für das, was er leiblich darbietet, lieben kann, dann habe ich ihn an diesem Abend geliebt.

Sofort nachdem die Lesung beendet war, sprang der hippelige Glatzkopf hinter mir auf und rannte wie unter Zwang ans Pult, seine Begleiterin im Schlepptau. Ich bin auch aufgestanden und nach vorn gegangen, nicht zuletzt weil mich die Szene interessierte. Der Mann drückte Hilbig einen eigenen Gedichtband in die Hand, duzte ihn, obwohl sie sich offensichtlich zum ersten Mal sprachen. Man sah ihm deutlich an, wie schwer er mit dem Eindruck der Lesung, mit seinen Neid zu kämpfen hatte. Es gelang ihm nicht ganz, er machte eine missgünstige Bemerkung, die Hilbig mit einer süffisanten Antwort konterte. Die Treffsicherheit dieses Konters verblüffte mich. Diese Fähigkeit, einen präzisen, fast tückisch raffinierten verbalen Schlag zu setzen, habe ich dann noch einmal während eines Empfangs auf dem Salon de Livre in Paris 2001, beobachtet, und war erneut überrascht. Es kam mir ein bisschen vor, als erwache der trickreiche Boxer, der er als junger Mann gewesen war, noch einmal in Worten zum Leben.

Haben Sie ihn nach dieser ersten Lesung angesprochen?

Ja, wir haben uns bei zwei Gläsern Wein über seine Texte unterhalten. Es ging uns, trotz seines Fieber und trotz meiner Befangenheit, gut dabei. Mein Vorgänger, mein Kollege, hatte ja alles Ungute schon wie ein Sündenbock auf sich genommen.

Danach sind Sie mit ihm im sporadischen Kontakt geblieben?
Wir schrieben uns hin und wieder. Er war ein unzuverlässiger Briefpartner, einer, der Briefe oft mit großer Verzögerung und nur mit einer chaotischen Karte beantwortete. Aber er hat regelmäßig in Berlin gelesen. Es war fast immer so, dass diese Lesungen schlecht besucht waren und dass es im Anschluss problemlos möglich war, mit ihm ins Gespräch zu kommen und auch mit ihm und den Veranstaltern wegzugehen.

Eine merkwürdige Diskrepanz. Seine Lesungen waren auf der einen Seite so schlecht besucht, auf der anderen Seite wurde er mit Preisen und Stipendien geradezu überhäuft.
Ein betriebsüblicher Widerspruch: Autoren, denen die Kritik reichlich Geltung zuweist, haben keine Leserschaft, deren Zahl dieser Bedeutung quantitativ entsprechen würde. Ich denke, Wolfgang Hilbig hatte nie ein größeres Publikum. Die Bücher von ihm, die halbwegs häufig über den Ladentisch gingen, also die Romane »Ich« und »Das Provisorium«, profitierten von Missverständnissen. Sie wurden als aktuell, als Buch zu einem Thema propagiert und vermarktet. Das hat mit etwas Glück zu einigen Tausend Fehlkäufen geführt. Aber dauerhafte Leser wurden dadurch nicht gewonnen. Die Hilbig-Gemeinde ist momentan kleiner als damals.

Können Sie sich erklären, wie der Arbeiter Wolfgang Hilbig zu seiner literarischen Sprache gefunden hat?
Ich denke, er muss schon ganz früh den Schutzraum des Lesens, die Verbunkerung im fremden, dann im eigenen Text gesucht und gefunden haben. Rätselhaft, wie er den Mut gefunden hat, schon als Junge selbst zu schreiben. Irgendjemand muss ihm glaubwürdig liebevoll zugehört haben. Das Meiste ist wohl angeborenes Genie: eine starke mimetische Begabung. Kunst kommt in der Regel von Kunst-Nachmachen. Dazu ein Schuss Aberwitz oder Tollkühnheit ...

... zu dem eine bestimmte Wahrnehmungsgabe gehört?
Wenn die Intensität der Wahrnehmung, die Deutlichkeit des Wahrgenommenen ein bestimmtes Maß übersteigt, ist das ein Fluch. Ich habe Hilbig oft genug mit einer Art Tunnelblick erlebt. Wahrscheinlich ging es immer eher darum, sich vor Eindrücken zu schützen als diese zu vertiefen. Ich glaube nicht, dass er je an einer getreuen Abbildung irgendwelcher Verhältnisse oder Zeitläufe interessiert war.

Hat er unter der Maschinerie des Literaturbetriebs gelitten?
Die durchschnittlichen, gar nicht spektakulären Erwartungen des Betriebes waren für ihn Strapazen: Sich eine Fahrkarte zu kaufen, in irgendeine Stadt zu fahren und dort in einer Buchhandlung vor acht freundlichen, Literatur liebenden Frauen zu lesen, die geduldig ausharrten, obwohl sie doch lieber etwas Eingängigeres gehört hätten. Dann, nach vier Stunden, sind Pflicht und Kür vorbei. Aber Mitternacht ist für den Nachtarbeiter Hilbig früh am Abend. Schlafen kann er nicht, also geht er in die Bahnhofskneipe oder in irgendeinen Imbiss, isst einen Döner und trinkt ein Bier nach dem anderen mit Leuten, die um diese Zeit an solchen Orten auflaufen. So hat er es mir zumindest erzählt, und das Ganze als etwas Zehrendes beschrieben.

Als Schriftstellerdarsteller habe ich ihn eigentlich immer unter Stress erlebt. Auch die Manuskriptproduktion, das Einhalten von Abgabeterminen setzte ihn unter Druck. Der Verlag wollte natürlich regelmäßig etwas von ihm haben, am liebsten romanähnliche Texte. Seine Stärke lag aber auf der kurzen und mittleren Distanz. Diese Textgrößen entsprachen auch mehr der Arbeitsweise, die er sich angewöhnt hatte, dem Wiederaufnehmen uralter Anfänge, dem Vollenden von verjährten Fragmenten, dem scheinchaotischen System mit Schulheften und losen Blättern.

Kann man sich dem Druck des Literaturbetriebes überhaupt entziehen?
Hilbig gehörte zu den Autoren, die vom Betrieb leben – wie die meisten guten Schriftsteller in Deutschland. Für diese finanzielle Absicherung, meist auf bescheidenem Niveau, werden bestimmte Gegenleistungen erwartet: Wenn man ein Aufenthaltsstipendium bekommen hat, muss man am fraglichen Ort auch präsent sein. Wenn ein Lesungstermin ansteht, sollte man pünktlich und in akzeptabler Verfassung antreten. Wenn die Bücher eines Autors wenig Geld einspielen, erwartet der vorschusszahlende Verlag, dass er eine Geltungsfigur abgibt und sein symbolisches Kapital auf den einschlägigen Bühnen mehrt.

Als Hilbig Stadtschreiber in Bergen-Enkheim war, durfte er sich auch einen Autor zu einer Lesung wünschen. Es hat mich sehr gefreut, dass er mich damals einladen ließ. Aber dann saßen wir spätnachts in seinem Stipendiatenhäuschen, auf Stühlen, deren Bezüge schon mancher Vorgänger abgewetzt hatte. Hilbig spielte mir Kassetten mit Songs vor, die ihm Freunde aufgenommen hatten. Ich denke, er wünschte sich an solchen Niemandsorten oft weg in jene Zeiten, in denen er noch nicht Adoptivkind des Literaturbetriebs war. Gleichzeitig wollte er natürlich nicht wirklich zurück an die Küchentische dieser voröffentlichen Existenz – zu sehr hatte er sich an die neue Versorgung und auch an die Aufmerksamkeit und die Hilfe derer, die es gut mit ihm meinten, gewöhnt. Also hielt er durch, so gut, wie es eben ging. Auch wenn das unter Umständen bedeutete, dass der Vortrag des eigenen Textes zur Tortur wurde. Ich habe ihn oft wie einen Leseautomaten erlebt – wie einen unglücklichen Automaten.

Ist der Druck, den der Literaturbetrieb auf Hilbig ausgeübt hat, nicht auch der Motor für neue Texte gewesen?
Das ist schwer zu beantworten. Man kann spekulieren, was geschehen wäre, wenn er den Sprung in den westdeutschen Literaturbetrieb nicht geschafft hätte. Ich vermute, dass diese Integration, diese anhaltende Spiegelung, zumindest stabilisierend auf ihn und damit auch auf seine Produktion gewirkt hat.

Wie ist er mit seiner Begabung, seinem Erfolg umgegangen?
Vor einigen Jahren bin ich nach einer Veranstaltung im Hamburger Literaturhaus noch mit ihm zusammen in eine Kneipe gegangen. Wir unterhielten uns über Lyrik und er lobte gleich eine ganze Reihe passabler deutscher Lyriker über alle Maßen. Eine Weile hörte ich mir das an und sagte schließlich: »Sicher sind das keine schlechten Leute, aber du kannst das, was die schreiben, doch nicht mit deinen besten Sachen gleichsetzen.« Er wurde ganz still, beugte den Kopf zu mir herüber und flüsterte: »Georg, komm hör auf damit! Ich weiß schon, was du meinst. Aber das macht mir richtig Angst!« Ich denke, insgeheim oder in bestimmten Schaffensmomenten war ihm die überragende Qualität seiner Texte schon bewusst. Aber die Größenerfahrung hatte eben auch etwas Schreckenerregendes, vielleicht sogar Grauenvolles, weil die Identität Sprengendes.

Welche Rolle spielte der Alkohol in seinem Leben und Schreiben?
Ich erinnere mich an Phasen, wo er sich tapfer an seinem Mineralwasserglas festhielt. Aber ich habe auch zwei, drei qualvolle Abende und Nächte mit ihm erlebt, in denen sein freundliches Verhalten unter dem Einfluss von Alkohol dissoziierte und sich zu anderen, weniger angenehmen Verhaltensmustern neu zusammensetzte.

Als sein letzter Erzählband erschienen war, durfte ich eine Lesung von ihm moderieren. Wir trafen uns bereits am Nachmittag in seinem Hotelzimmer. Er kam von einer Goethe-Lesung aus dem Ausland, hatte mehrere Nächte nicht geschlafen und machte einen schlimm mitgenommenen Eindruck. Er bestand darauf, mit mir noch vor der Lesung etwas trinken zu gehen. Ich riet ihm zu Kaffee, er bestellte sich – obwohl schon angetrunken – Rotwein. Wir machten aus, eine seiner Erzählungen gemeinsam zu lesen. Für mich war es ein Akt der Verehrung. Aber als ich dann während der Veranstaltung dran war, suchte er grimassierend Blickkontakt mit dem Publikum. Auch während des anschließenden Gesprächs mühte er sich witzelnd um Schulterschluss mit den Anwesenden, gab ganz seltsam spitze Antworten. Als ich ihn Stunden später unter vier Augen fragte, warum er sich so verhalten hatte, sagte er, er könne sich schon nicht mehr an unseren Auftritt erinnern.

War diese Lesung das letzte Mal, wo sie ihn gesehen haben?

Es war das letzte Mal, dass ich einige Stunden mit ihm verbracht habe. 2004 schickte ich ihm noch ein Exemplar meines Romans »Die Sonne scheint uns«, für das er sich mit einer Karte bedankte. Die letzten Spanne bis zu seinem Tod habe ich ihn nicht mehr gesehen und hatte auch sonst keinen Kontakt mehr zu ihm.

III INTERVIEWS

Der Westen wurde immer mehr zum Fixpunkt –
Gespräch mit Silvia Morawetz

Silvia Morawetz ist promovierte Anglistin und arbeitet als Übersetzerin anglo-amerikanischer Literatur. Sie lebte von 1982 bis 1985 mit Wolfgang Hilbig zusammen.

Frau Morawetz, Sie haben die Schwierigkeiten, die der Publikation von »stimme stimme« vorausgingen miterlebt. Was war das für eine Atmosphäre?
Es war zähes, viele Monate dauerndes Hin und Her, bis es schließlich zu der Veröffentlichung kam. Vom ersten Auftauchen der an Hilbig herangetragenen Idee, bei Reclam einen Gedichtband zu machen, bis zur Publikation verging über ein Jahr, und es bedurfte des Engagements vieler, bis das Vorhaben tatsächlich verwirklicht war. Franz Fühmann hatte ja 1980 mit seinem »Ecce Poeta« einen sehr kraftvollen Anstoß gegeben, der immer noch uneingelöst war und nachwirkte. Die eigentliche verlegerisch-betreuende Arbeit lag in den Händen von Hilbigs Lektor Hubert Witt, dem zusätzlich zur Arbeit am Manuskript auch die undankbare Aufgabe zufiel, Hilbig über den jeweiligen Stand des für durchsetzbar Gehaltenen informieren zu müssen. Schließlich wurde er noch zu einem alles entscheidenden Gespräch in die Wohnung von Hans Marquardt, dem Leiter von Reclam Leipzig, gebeten. Das war überraschend und ein bisschen beklemmend. Wir hatten bisher nicht gehört, dass ein DDR-Verleger ein Mitglied aus der subkulturellen Szene zu sich nach Hause einlud, noch dazu wenn derjenige aus dem tiefsten Bauch der Arbeiterklasse kam. Ich habe ihn damals begleitet und kann mich noch sehr gut an den Besuch erinnern: Marquardt auf der einen Seite, aus unserer proletarischen Perspektive mit großbürgerlichen Habitus. Ein rede- und weltgewandter Intellektueller. Sah man ihn mit seinem wehenden schwarzen Mantel und seinem weißen Schal auf der Straße, musste man unwillkürlich an einen Theaterdirektor denken. Auf der anderen Seite Wolfgang Hilbig, der aus einem ganz anderen Milieu kam.
Die Entfernung zwischen den beiden war sehr groß. Umso peinlicher wirkte es dann, als Marquardt quasi schulterklopfend mit Wolfgang von

Literat zu Literat sprechen wollte. Dem Ganzen haftete etwas Paternalistisches an. Wolfgang hatte überhaupt keine Erfahrung im Umgang mit diesen Kreisen, kannte die dort üblichen Verhaltensweisen nicht und war dementsprechend unsicher und gehemmt. Das machte es für alle Beteiligten sehr anstrengend.

Was wollte Hans Marquardt mit diesem Gespräch erreichen?
Ich denke, er wollte Wolfgang mit dieser Publikation besänftigen. Nach dem Motto: »Wir haben dir jetzt ein Buch erlaubt, dafür fügst du dich künftig bei uns ein.« Wolfgang war allerdings nicht bereit, sich vereinnahmen zu lassen. Er dachte nicht mal in dieser Kategorie.

War für Hilbig damals die Stasi ein Thema, fühlte er sich durch sie bedroht?
Ja, natürlich. Das war Thema vieler Gespräche, bei allen möglichen Begebenheiten, mit den verschiedensten Bekannten und Freunden, zuhause und wenn wir unterwegs waren. Mit Gert Neumann und Heidemarie Härtl haben wir häufig darüber gesprochen. Einmal gingen wir zum Beispiel zur Buchmesse und wollten uns mit Thomas Beckermann treffen, Wolfgangs Lektor aus dem S. Fischer Verlag. Wir waren gerade auf dem Weg dahin, da kamen auf der Straße zwei Polizisten auf uns zu und wollten unsere Ausweise kontrollieren, aus heiterem Himmel, ohne Anlass. Oder wir waren mit Karl Corino in der Milchbar im Seminargebäude verabredet, damals ein Treffpunkt für viele Autoren und Journalisten. Es saßen auch viele von der Stasi dort, wie man später, zum Teil aus den Akten, erfuhr.

Er war in Leipzig wegen seiner Westveröffentlichung schon beinah eine Legende. Wie hat das auf ihn gewirkt?
Er hatte diesen Legendenstatus nicht nur wegen seiner im Westen publizierten Bücher, sondern auch, weil viele sahen, wie außergewöhnlich, wie neu und gut seine Texte waren. Er war bestimmt so etwas wie ein Vorbild für viele Kollegen, sowohl in Leipzig als auch in Berlin, gerade für die jüngeren unter ihnen. Wie eine »Legende« behandelte ihn aber niemand. Das wäre ihm auch furchtbar unangenehm gewesen. Er selbst hat mit jedem von ›Kollege zu Kollege‹ gesprochen, nie von oben herab.

Als 1983 der Brüder-Grimm-Preis an ihn verliehen wurde: Welche Bedeutung hatte er für Hilbig? War er sehr stolz?
Er war schon stolz und es war auch eine gewisse Genugtuung dabei.

Aber dem Procedere der Preisverleihung sah er mit unguten Gefühlen entgegen: Er musste öffentlich sprechen, eine Rede halten. Das war ein grausiger Gedanke für ihn. Der Preis bedeutete für ihn nicht nur Anerkennung seiner Arbeit und finanzielle Hilfe, sondern bot auch einen gewissen Schutz. Je stärker ein ostdeutscher Schriftsteller in Westdeutschland wahrgenommen wurde, desto besser war er vor eventuellen Übergriffen in der DDR geschützt.

Wie haben Sie ihn erlebt, was war er für ein Mensch?

Als Mensch war er so widersprüchlich wie vielschichtig, wie ein Schriftsteller nur sein kann, für den alles seinem Schreiben nachgeordnet ist. Als er in meine kleine Wohnung einzog, mussten wir schauen, wie wir den vorhandenen Platz so aufteilten, dass wir dort beide arbeiten konnten. Das war nicht immer einfach, weil wir verschiedenen Rhythmen und äußeren Anforderungen unterworfen waren und nicht zuletzt, weil Wolfgang Alkoholiker war.

Auch schon zu dieser Zeit?

Ja.

Eher latent?

Nein. Ich kannte mich mit so etwas gar nicht aus und wusste anfangs nichts über Alkoholismus, über seine Symptome, die möglichen Auswirkungen auf die Persönlichkeit, auf den ganzen Alltag.

Sonst war Wolfgang eher ein ruhiger und besonnener Mensch. Bei Gesprächen mit ihm war es häufig so, als erlebe man das, was Kleist »Die allmähliche Verfertigung der Gedanken beim Reden« nannte, in einer extremen Form. Er hat immer lange nach dem richtigen Wort, nach dem richtigen Ausdruck für das gesucht, was er sagen wollte, im Prinzip so, wie er es beim Schreiben auch tat. Dort ergab das verschiedene Fassungen nacheinander, so lange, bis er das richtige Wort hatte. Im Gespräch ging das so nicht, da brach er oft mittendrin ab und setzte neu an, wenn er sich korrigieren wollte. In den Interviews, die es mit ihm gibt, kann man das gut verfolgen, die stockende Suche nach dem richtigen Wort.

Was für ein Leben hat er geführt?

Ein doch eher unstetes und ruheloses. Er war viel unterwegs, ist nicht nur zwischen Meuselwitz und Leipzig hin- und hergereist, sondern auch oft nach Berlin zu seiner Tochter gefahren. Manchmal kamen Mutter und Tochter auch nach Meuselwitz und Wolfgang fuhr von Leipzig aus dahin.

Wolfgang Hilbig ist 1985 mit einem für ein Jahr gültigen Visum nach Westdeutschland gereist. Er ließ das Visum auslaufen und kehrte nicht zurück. Welche Reaktionen gab es darauf in Leipzig?
　　Es wurde natürlich darüber gesprochen, und die Meinungen dazu waren geteilt. Im Freundeskreis dachten wir damals, dass es für weitere Veröffentlichungen in der DDR das Aus bedeuten würde. Seine persönliche Entscheidung wurde sicher von den meisten als das akzeptiert, was sie war: eine persönliche Entscheidung, die mancher mit Bedauern, mancher auch nur überrascht zur Kenntnis genommen haben mag. Mitte der 80er Jahre wurden die Reisen in den Westen als Thema immer wichtiger.

Welchen Stellenwert hatte das Thema »Ausreise« in Ihrem Freundes- und Bekanntenkreis?
　　Es war ein immer gegenwärtiges Thema, das den Freundes- und Bekanntenkreis aber auch strapazierte. Viele kannten inzwischen jemanden, der ausgereist war oder eine Ausreise erwog, oder trugen sich selbst mit dem Gedanken. Andere wiederum lehnten die Ausreise ab, wohl weil sie sie als verfrühtes Aufgeben verstanden. Von der Biermann-Ausbürgerung bis zum Ende der DDR war das eine Entwicklung, die immer weitere Kreise erfasste und mit der sich nicht nur Schriftsteller beschäftigten. Durch die Reiseerleichterungen, die im Laufe der Zeit gewährt wurden, hielt der Westen Einzug in die einzelnen Wohnungen und Familien.

Also war der Westen schon lange vor der Wende im Osten anwesend?
　　Ja, so ungefähr. Überall wo man hinkam, hörte man, wer schon mal im Westen war, wer noch wollte und wer nicht durfte. Der Westen wurde zum Fixpunkt, rückte näher und näher.

Er besaß eine unglaubliche Selbstdisziplin – Gespräch mit Lutz Nitzsche-Kornel

Lutz Nitzsche-Kornel, geboren in Altenburg und aufgewachsen in Meuselwitz, ist Schriftsteller und Musiker. Er lebt und arbeitet in Leipzig.

Wie würden sie die Lebensumstände in Meuselwitz während der 1960er und 70er Jahre beschreiben?

Sie waren vor allem dadurch gekennzeichnet, dass es überhaupt keine Entwicklungsmöglichkeiten gab. Wenn man weder Beamter noch Industriearbeiter werden oder in den Uranbergbau gehen wollte, hatte man in Meuselwitz keinerlei Chance auf ein halbwegs selbstbestimmtes Dasein. Weggehen war die einzige Möglichkeit. Geblieben sind nur die Anpassungsfähigen. Die ganze Gesellschaftsstruktur war durch roten Opportunismus geprägt. Überall herrschte eine Mentalität des vorauseilenden Gehorsams – was letztendlich auch zu Hilbigs Verhaftung im Mai 1978 führte.

Als Sie ab 1976 regelmäßige Happenings in Ihrer Leipziger Wohnung veranstalteten, war Hilbig mit dabei. Womit hat er sich in dieser Zeit intellektuell auseinandergesetzt?

Hilbig war mehr Theoretiker als angenommen wird. Seit dem Ende der 70er Jahre hatte er sich intensiv mit Marx, Hegel und Kant beschäftigt, besonders mit der Frage: »Wie beeinflusst das Vorurteil die Bewusstseinsbildung?« Auch das Dämonische bei Dostojewski und Shelley hat ihn interessiert. Seine theoretischen Schriften sind eine Zusammenfassung von ganz verschiedenen Strömungen. Dabei sind sie nur ein ganz schwacher Abglanz von dem, was er in Wirklichkeit gelesen hatte.

Hilbig hatte eine sehr klare Vorstellung davon, was Literatur ist und was nicht und konnte das auch vehement vertreten. Tucholsky war es beispielsweise für ihn nicht. Je mehr er Schreibblockaden kommen fühlte, umso mehr zwang er sich zum Schreiben. Hilbig war übrigens auch von George begeistert: die Dominanz der Form gegenüber der Primäraussage. Außerdem war ihm die georgische Selbstdisziplin sehr nahe.

Wie wirkte Hilbig in dieser Zeit als Mensch auf Sie?

Ich glaube, er litt in Bezug auf sein Aussehen unter einem Minderwertigkeitskomplex: Er war von eher kleiner und untersetzter Statur, hatte eine breite und durch das Boxen beschädigte Nase. Hilbig aß sehr viel, auch als er nicht mehr aktiv trainierte – das hatte natürlich Auswirkungen auf seinen Körperumfang. Vielleicht gerade deshalb achtete er penibel auf sein Äußeres. In meinem Bekanntenkreis war er derjenige, der schon immer die besten Zähne hatte. Wenn wir damals auf Sauftour über irgendwelche Dörfer unterwegs waren, hatte Hilbig immer Zahnputzzeug mit und sogar ein Hemd oder T-Shirt zum Wechseln.

Wie stand er zu seinem Herkunftsmilieu?

Hilbig beklagte sich immer wieder, dass er in seiner Familie so wenig Rückhalt für sein Schreiben gehabt hätte. Sein literarisches Werk entstand aber geradezu aus dieser Überhöhung des eigenen Leides. Deshalb brach er auch später, als er schon längst in Westdeutschland lebte, eine Psychotherapie ab und schrieb stattdessen das »Provisorium«. Die Psychoanalyse sagt, dass ein seelisches Problem Ursache für einen manischen Schaffenstrieb sei. Ist die Therapie erfolgreich, löst sich auch diese Schaffensgrundlage auf.

War der Alkohol bei Wolfgang Hilbig ein großes Thema? Hat er ihn sehr bestimmt?

Er sagte mal zu mir, solange er einen Roman schreibe, würde er überhaupt keinen Alkohol trinken. Nur wenn er das Manuskript dann abgegeben hatte, rutschte er wieder ab. Das zeugt von seiner hohen geistigen Disziplin: Ihm konnte es noch so schlecht gehen, er setzte sich immer wieder an den Schreibtisch und schrieb.

Der rege Kneipenbesuch in der DDR diente übrigens nicht nur dem mehr oder weniger exzessiven Alkoholkonsum. Die Kneipe war in erster Linie auch ein Ort der Kommunikation. Ich kann mich noch gut erinnern, wie wir damals zusammensaßen und uns Geschichten erzählten. Wenn einem der Anwesenden die Geschichte gefiel, gab er dem, der sie gerade erzählt hatte, einen Groschen und damit hatte die Geschichte seinen Besitzer gewechselt. Es war dann anschließend Ehrensache, sich an dieses »Urheberrecht« zu halten.

Hatte ihn der Medienrummel seit Anfang der 90er Jahre verändert?

Ja, er ist reservierter geworden. Er nahm bestimmte bürgerliche Umgangsformen an, die ihm vorher in dieser Art nicht geläufig waren. Zum Beispiel stellte er mich neuen Bekannten immer mit den Worten vor: »Das ist Herr Lutz Nitzsche-Kornel, dies und jenes von Beruf« usw. Diese bürgerliche Formgebung verstärkte sich mit jedem Jahr im Literaturbetrieb. Es war eine Art Schutzschild, nicht um den anderen zu ehren oder aus einer aristokratischen Haltung heraus, sondern um eine Distanz zu schaffen.

Den Rimbaud aus Hilbigs Hand – Gespräch mit Tom Pohlmann

Tom Pohlmann, 1962 in Altenburg geboren und in Meuselwitz aufgewachsen, Schriftsteller, lebt und arbeitet in Leipzig.

Warum gab es in Meuselwitz seit Anfang der 70er Jahre eine so starke inoffizielle Kulturszene?

Das hatte viele unterschiedliche Gründe. Ein auslösender Moment verweist auf die Verwundungen und Traumata, die durch die Bombardierungen der Stadt in den Einwohnern entstanden waren und als Seelenlage an die nächste Generation weitergegeben wurden. Die intensivere Beschäftigung mit Literatur und Kunst kann man durchaus bereits als eine Gegenreaktion im Sinn einer Aufarbeitung der Traumata verstehen. Dann hatten der Wiederaufbau und der neue wirtschaftliche Aufstieg nach dem Krieg dieser Kleinstadt kurzzeitig den Charakter einer Boomtown gegeben. Mit den Umsiedlern und der Gründung der DDR wurden viele vorhandene Industrien intensiv ausgebaut und brachten der Stadt insgesamt einen Zuwachs an Bevölkerung. Innerhalb der Bevölkerungsstruktur erzeugte das eine eigenartige Gemengelage – und wo Gegensätze aufeinanderprallen, entsteht für künstlerische Betätigungen oftmals ein günstiger Nährboden.

War er in Meuselwitz ein Außenseiter?

Die Kunstszene in dieser Stadt empfand sich selbst nicht in einer Außenseiter-Rolle. Die Szene war jedoch ohnehin vom Geist der Achtundsechziger gespeist und nicht elitär organisiert. Mit der Außenseiter-Rolle wurde eher gespielt. Wir sahen uns mehr als Insider, an die Fremde von außen nur sehr schwer herankommen konnten. In diesen Kreisen wird sich Wolfgang Hilbig nicht als Außenseiter empfunden haben, möglicherweise jedoch innerhalb seiner eigenen Generation.

Hat Hilbig sein Schreiben nach außen getragen, wusste man in Meuselwitz, dass er schrieb?

In einer Kleinstadt zuzugeben, dass man Gedichte schrieb, war immer ein wenig gefährlich. Es galt als etwas Feminines, zumindest in seiner Generation. In unserer Generation sah das schon wieder ganz anders aus, da gehörte es fast zum guten Ton und war eher ein Makel, sich nicht auf die eine oder andere Art künstlerisch auszudrücken.

Wie haben Sie Wolfgang Hilbig kennengelernt?
In Meuselwitz musste man sich früher oder später über den Weg laufen, wenn man ähnliche Interessen hatte. Als ich ihn 1978 kennenlernte, war ich 16. Innerhalb der Kunstszene gab es aber insgesamt keine strikte Trennung nach Generationen und Altersgruppen, es war die Normalität, auf eine freundschaftliche und gleichberechtigte Art miteinander umzugehen. Er behandelte mich als jungen Erwachsenen, und ich nahm einen solchen Umgangston dankbar an. Ich erinnere mich an ein Gespräch, bei dem er meine Faszination für die Texte Rimbauds bemerkte. Irgendwann lud er mich zu sich nach Hause ein, und während meiner Abiturzeit besuchte ich ihn dort auch mehrfach. Kurz vor den Abschlussprüfungen hatte er für mich einmal eine Tasche mit Büchern vollgepackt und sagte: »Schau sie durch. Was dir gefällt, behältst du, den Rest kannst du weitergeben.« Darunter waren Bücher, die für mich später immens wichtig wurden, zum Beispiel eine Gesamtausgabe von Novalis, ein Band mit Selbstzeugnissen von Paracelsus und der Simplicissimus von Grimmelshausen.

Sie haben ihn einige Jahre nach der Wende wiedergetroffen. Hatte ihn sein Erfolg im Literaturbetrieb verändert?
Vielleicht behandelt man Menschen, die in den Medien Erfolg haben, selbst auch ein wenig anders als vorher, zumindest für einen Moment. Gesprochen haben wir über seine Geltung im Literaturbetrieb aber nie. Wir unterhielten uns über die Veränderungen nach dem Mauerfall, gemeinsame Freunde, frühere Begebenheiten, kaum über Literatur. Ich hatte inzwischen in Meuselwitz eine eigene Wohnung, und er besuchte mich dort, wenn er bei seiner Mutter zu Besuch war. Einmal kamen wir auf die Beweggründe seiner Ausreise zu sprechen, aber nur kurz. Er sagte mir damals, er habe durch die Arbeit als Heizer viel Zeit verloren. Mit dem Wissen, dass er noch mehr Zeit verliert, wenn er in der DDR bleibt, war er in der Bundesrepublik geblieben und nicht zurückgekehrt. Wie vielen anderen war ihm der Schritt nicht leicht gefallen, alles hinter sich zu lassen, denn der Fall der Mauer war um diese Zeit noch nicht absehbar. Mental gesehen, war das für ihn ganz sicher ein Abschied für immer.

Den verdirbt nicht mal der Westen –
Gespräch mit Thomas Rosenlöcher

Thomas Rosenlöcher ist Schriftsteller. Er lebt und arbeitet in Dresden und Beerwalde/ Erzgebirge.

Wo haben Sie Wolfgang Hilbig kennengelernt?
Bei einem gemeinsamen Freund, dem Schriftsteller Wolfgang Hegewald, der auch damals schon schrieb. Hegewald wohnte in einer total verrotteten Gegend, der Leipziger Heinrichstraße, und lud öfters zu Feten ein. Einmal hieß es, dass Wolfgang Hilbig auch da sei. Ich hatte einige Gedichte von ihm gelesen und wollte unbedingt den Autor kennenlernen. Ich suchte und suchte, konnte ihn aber nirgends finden.

In der Küche stieß ich auf einen merkwürdigen Typen, der irgendwie überhaupt nicht zu den Anwesenden passte. Im ersten Moment dachte ich, er würde im Haus wohnen und hätte sich einfach so dazu gesetzt. Es dauerte eine Weile, bis ich begriff, dass ich neben Wolfgang Hilbig saß. Ich habe die ganze Nacht neben ihn gesessen und geredet. Heute denke ich, dass er immer wenn ich den Sozialismus retten wollte, heftig den Kopf geschüttelt und immer wenn ich den Sozialismus verfluchte, heftig genickt hat. Er selbst sprach nicht viel.

Ich hatte mir den Verfasser der Gedichte ganz anders vorgestellt, deshalb erkannte ich ihn nicht. Diesem Mann am Küchentisch war seine Herkunft eingeschrieben, ob er wollte oder nicht. Seinem ganzen Habitus haftete etwas Unintellektuelles an. Dass er grandiose Texte verfasste, war seinem Äußeren überhaupt nicht zu entnehmen. Umso bemerkenswerter fand ich im Nachhinein ihn und seine Texte. Das habe ich versucht mit dem Titel meines Essays über ihn auszudrücken – »Der Text von unten«*.

---

*   Rosenlöcher, Thomas: »Der Text von unten. 11 Kapitel zu Wolfgang Hilbig, in: Wittstock, Uwe (Hrsg.): Wolfgang Hilbig. Materialien zu Leben und Werk, Frankfurt am Main 1994

War 1977 seine Bedeutung als Schriftsteller schon bekannt?
　　Das war ja das Komische an der DDR. Wir waren alle Literatur-Spürnasen. Man roch das irgendwie. Es gab immer dieses Munkeln und Hörensagen. Man hatte ein Gespür für gute Literatur und ersetzte so die fehlende Literaturkritik, war vielleicht sogar besser, als es eine marktaffirmative Literaturkritik heute sein kann. Ständig wurde über Literatur geredet, diskutiert, wer gut sei, wer nicht und an wen man sich halten solle.

Hat er sehr darunter gelitten, in der DDR nicht veröffentlichen zu können?
　　Zu dieser Zeit waren wir ja alle unbeschriebene Blätter. Wie oft er vergeblich versucht hat, etwas unterzubringen, wusste ich damals nicht. Auch dass sie ihn längst auf dem Kieker hatten, ja dass er im Knast gewesen war – wegen des Herunterholens einer Fahne, glaube ich – habe ich erst später erfahren. Nun hat auch er ziemlich lange gebraucht, um schreibend er selber zu werden. Anfangs sind seine Sachen ja manchmal noch etwas Pubertär-Pathetisch gewesen, auch die Dunkelheiten stammten manchmal eher aus zweiter Hand – französischer Symbolismus. Das auch schon vorhandene Eigene musste ein Redakteur also nicht unbedingt erkennen. Das Dumme damals war nur, dass man nie recht wusste, ob solche Kunst-Einwände nicht bloß vorgeschoben waren und die Ablehnungen nicht am Ende doch politisch. Später ist Hilbig für die Offiziellen jedenfalls kaum noch druckbar gewesen, auch wenn es einen Einbürgerungsversuch, immerhin bei Reclam, noch gegeben hat: »stimme stimme« – vor allem die Prosa habe ich schon mit großer Ehrfurcht gelesen.
　　Die Ironie der Geschichte ist ja, dass hier ein Arbeiter in einem Land zum Dichter wurde, das sich gerade von Arbeiter-Dichtern Legitimation erhoffte. Und dass dieser Arbeiter-Dichter dieses Land dann als Hölle beschrieb.

Hat sich dieses Düstere der Texte auch in seinem Wesen widergespiegelt?
　　Er konnte sehr kollegial sein, ja sogar menschenfreundlich, allerdings nur bis zu einem bestimmten Maße. Es gab bei ihm wie bei jedem das sogenannte normale Gesicht, aber man spürte, dass da noch etwas anderes, Untergründigeres war. In seiner groben, unbehauenen Erscheinung steckte ein Geheimnis. Es war etwas an ihm, das nicht ganz einzuordnen war und davon wurde man angezogen. Insofern wirkte er eben doch außergewöhnlich – wie die Sachen, die er schrieb.

War die Stasi ein Thema, was man damals miteinander besprochen hatte?
Man sprach schon darüber, doch meist eher nebenbei. Nach 1989 wurde das viel mehr diskutiert. Wir waren uns schon darüber klar, dass die Stasi ihre Leute überall hatte. Bei jeder privaten Lesung war einer dabei. Man wusste auch, dass Leute verhaftet wurden. Wir haben das aber nicht ständig thematisiert, weil man sich sonst verrückt gemacht hätte. Es war ein Hinnehmen und sich nicht allzu sehr davon beirren lassen. »Lachen wir sie kaputt« war damals so ein Spruch gewesen.

Es wurde nach der Wende oft gesagt, wir hätten damals eine Sklavensprache verwendet, hätten versteckt geschrieben, um das Thema Stasi deutlich werden zu lassen. Das ist aber ein Begriff, den ich überhaupt nicht mag. Wir sind keine Sklaven gewesen. Das geht mir zu weit. Wir haben versucht mit der eigenen Stimme das zu sagen, was zu sagen war und dabei sich selbst treu zu bleiben. Wenn Verstellung eine Rolle spielte, war das eher gut für die Gedichte. Literatur lebt von der Verwandlung. Und wenn man nicht Staatssicherheit sagen konnte, weil das Gedicht dann nicht gedruckt wurde, sondern ein anderes Wort verwendete, war das für die Literatur gar nicht schlecht.

Wie waren die Reaktionen auf seine Ausreise 1985?
Es war eigentlich immer das gleiche Gefühl, wenn wieder jemand wegging. Man sah es ein: »Jetzt ist auch der gegangen und er hat natürlich Recht, dass er geht.« Man war traurig darüber, aber die Grundformel war: »Wer gehen kann oder muss, der soll gehen. Aber wer bleiben kann, der soll auch bleiben« – der Konsens aller Intellektuellen in der DDR. Das ist nach 1989 nur in Vergessenheit geraten, indem man sich dann dergleichen gegenseitig vorwarf. Gerade Hilbig aber war durch seine Bücher, die bald darauf im Westen erschienen, für mich immer noch anwesend.

Wie haben Sie ihn in Edenkoben erlebt?
Ich hatte 1990 für das Künstlerhaus Edenkoben ein kurzes Stipendium bekommen. Hilbig wohnte schon seit 1988 dort. In den folgenden Monaten haben wir uns oft besucht und viel geredet. Ich kann mich noch gut an eine Situation erinnern: Es gibt eine Erzählung von ihm, die ich sehr mag – »Über den Tonfall« – und die ich damals gerade wieder neu gelesen hatte. Mit dem Text in der Hand bin ich zu ihm hin und sagte: »Ich könnte heulen, so gut ist die Geschichte.« Das ist etwas, was man selten macht, wenn man selber schreibt. Er hat es gern zur Kenntnis genommen, aber nach außen hin nicht so nah an sich rangelassen.

Damals war gerade die erste Zeit, wo er nicht mehr trank und manisch am Schreiben war. Wenn ich zu ihm kam, sagte er immer wieder zu mir: Ich muss noch den Satz fertig machen, diesen einen Satz ... Er war so aufgeregt, dass er stotterte. Ich sagte: »Geh den Satz schreiben!« Meistens ging er aber nicht. Man merkte, wie sehr er in seinem Schreiben drin war, wie er es voll lebte und das war der eigentliche Wolfgang Hilbig. Er holte seine Bilder hervor und schrieb. Er kämpfte solange, bis das einzelne Bild saß, der Satz stimmte, die Stimmung da war. Daran hat er in seinen Nächten hart gearbeitet. Ich habe ihn in dieser Edenkobener Zeit eigentlich nur schreibend erlebt. Bis auf Lesereisen oder wenn Freunde ihn besuchten, nahm er kaum am äußeren Leben teil.

Wir haben immer davon gesprochen, dass wir zusammen im Wald spazieren gehen wollen. Der Wald war ungefähr 10 Minuten von seinem Haus entfernt. Ich glaube, er ist in seiner ganzen Edenkobener Zeit nicht einmal in diesem Wald da oben gewesen. Auch kaum in den Weinbergen. Es war sowieso eine Landschaft, die diametral zu ihm stand. Er wirkte wie ausgesetzt, passte dort überhaupt nicht hin. Er lebte wie im Exil: Eine Gegend, die ihn eigentlich nicht interessierte und die er in keiner Weise in seinen Tagesrhythmus einbezog. Er war dort immer im Stipendium, auch wenn er keins mehr bekam.

Wie schätzen Sie das Verhältnis von Schreiben und Trinken bei ihm ein?
   Dass er während des Schreibens getrunken hat, glaube ich eher nicht. Das würde auch meiner Theorie widersprechen, dass er mit den Sätzen gekämpft hat. Wenn man trinkt, kann man nicht mit den Sätzen kämpfen, dann fehlt die Kontrolle und das Gefühl für das Ungenügende am Text. Ich glaube eher, dass es umgekehrt war: Wenn er schrieb, konnte er dem Trinken entkommen. Dennoch spiegeln seine Texte das Rauschhafte des Trinkens wieder. Ein merkwürdiger Widerspruch: Ohne Rausch, ohne das Trinken, wäre die ganze Hilbigsche Literatur nicht so, wie sie ist. Und gleichwohl war das Schreiben seine einzige Möglichkeit dem Trinken zu entkommen.

Er ist mit der Maschinerie des Literaturbetriebs sehr skeptisch umgegangen. Warum?
   Weil er sich auch dem Westen nicht als völlig zugehörig empfand. Schon einer seiner Buchtitel sagte das: »Das Provisorium«. Und weil er besser als andere wusste, wie sehr uns der Selbstdarstellungs- und Vermark-

tungszwang korrumpiert. »Wir können ja schon nicht mehr anders«, sagte er einmal grimmig zu mir. Die ständige Vorleserei war ihm auch Verrat an der Literatur. Trotzdem hat er es gern gemacht – wie wir alle. Solche Lesungen helfen ja auch, sich nützlich und gebraucht vorzukommen. Hilbig hat viel gelesen und gewiss gar nicht schlecht verdient. Trotzdem machte er immer den Eindruck, als wäre er gerade am Verhungern. Die Kunst beherrschen viele von uns. Gerade die Ostler, merkwürdigerweise. Da ist wohl auch Angst vor dem Absturz dahinter, vor dem plötzlichen Absturz in dieser westlichen Welt, von der einem ja nicht unbedingt an der Wiege gesungen worden ist.

Alles in allem aber gehörte Wolfgang für mich zu den Ausnahmemenschen, bei denen man sich vollkommen sicher sein konnte: Was dem auch immer passiert, welchen Erfolg der auch immer haben wird – der bleibt sich immer gleich. Den verdirbt nicht mal der Westen.

Er war ein Mensch mit paradoxen Reaktionen – Gespräch mit Natascha Wodin

Natascha Wodin ist Schriftstellerin und lebt in Berlin. Sie kannte Wolfgang Hilbig seit 1986 und war von 1994 bis 2002 mit ihm verheiratet.

Wann haben Sie Wolfgang Hilbig kennengelernt?
Kurz nachdem er in Westdeutschland angekommen war. Anfangs wohnte er noch in Hanau: eine kleine Wohnung ohne Möbel unterm Dach. Er schlief auf dem Boden, hatte keine Kohlen zum Heizen. Die Wohnung lag mitten in einem türkischen Wohnviertel. Die erste Zeit war er nicht in Westdeutschland, sondern in der Türkei. Weil ich damals in Nürnberg wohnte, zog er auch dahin um. In Nürnberg wohnten wir noch in getrennten Wohnungen. Nach ungefähr einem Jahr bekam er das Halbjahresstipendium in Edenkoben. Ihm und mir gefiel es dort so gut, dass ich mich ebenfalls um ein Stipendium bemühte. So konnten wir noch ein halbes Jahr länger bleiben. Danach suchten wir uns in Edenkoben eine eigene Bleibe und bezogen schließlich ein kleines Häuschen in der Watzengasse 32.

Sie sind 1994 zusammen nach Berlin umgezogen. Aus welchem Grund?
Wir wollten einfach nach Berlin. Genauer: Wir wollten zum Prenzlauer Berg und dessen besondere Atmosphäre erleben, solange es sie noch gab: Die alte Macht war weg, die neue noch nicht da. Natürlich ist das eine Illusion gewesen, die neue Macht hatte sich schon längst etabliert. Aber einen kleinen Rest von Anarchie gab es noch. Hier war noch so vieles offen, Bewegung und Leben.

War er ein Wahrnehmungsmensch? Hat er literarisch sehr aus äußeren Eindrücken geschöpft?
Eher nicht. Er nahm alles oder sehr viel aus seinem Inneren. Er hat auch nie etwas recherchiert. Wolfgang lebte in seiner eigenen Innenwelt. Trotzdem finde ich, fließen in seine Texte immer wieder sehr genaue Beobachtungen der Außenwelt ein. Er hat eher auf Details geachtet, mehr

die gegenständliche Welt wahrgenommen als die Menschen. Das spiegelt sich auch in seinen Texten wieder: Die Menschen, die er beschreibt, kann man oft nicht sehen. Sie sind eher Schatten.

Ich hatte von ihm den Eindruck, dass die Welt ihn nicht besonders interessiert. Ich erlebte ihn oft fast als autistisch. Die Welt war vielleicht so etwas wie Kulisse, wie Atmosphäre für ihn, die er in seinen Texten verdichtet hat.

Mit welchen Gefühlen hat er seine Vergangenheit als Arbeiter in der DDR gesehen?

Er hat es gehasst, Kohlen schippen zu müssen. Ich habe noch nie einen Menschen erlebt, der so eine Wut auf die gegenständliche Welt hatte, wenn er etwas mit ihr machen musste. Auch wenn er bloß einen Nagel in die Wand schlagen sollte, bekam er schon einen Wutanfall. Die Arbeitswelt, die er in der DDR erlebt hat, hat er als Gewalt gegen sich empfunden. Er war in einem falschen Leben, in einer falschen Haut.

War das fortlaufende Beschreiben der Arbeitswelt für ihn eine Möglichkeit, diese Situation zu bewältigen?

Das ist schwer zu beantworten. Ich hatte nicht den Eindruck, dass Wolfgang überhaupt etwas durch Schreiben bewältigen wollte. Ich glaube, davon hielt er nichts. Er war von dem Thema der Arbeitswelt besessen, weil sie der Gegenstand seines Unglücks war, quasi ein Irrtum, in den er hineingeboren war. Aber ich glaube nicht, dass es ihm um Bewältigung ging, es ging ihm um Literatur.

Dinge, die ein Mensch in seiner Kindheit und Jugend erlebt, sind manchmal prägender als Erlebnisse im Erwachsenenalter.

Das ist sicher so. Wolfgang war geprägt durch die DDR und seine Kindheit dort. Es hat ja kaum einer so besessen über die DDR geschrieben, wie er. Sie war seine literarische Landschaft. Er trug sie zwar in sich, aber in der äußeren Welt war sie seit dem Mauerfall nicht mehr vorhanden. Seine literarische Produktion ging Ende der 90er Jahre sukzessive zurück. Nach dem »Provisorium« hatte er ja kaum noch etwas veröffentlicht. Das hatte sicher viele Gründe, aber ich denke, die Wende war ein entscheidender.

Als wir 1989 in Edenkoben vor dem Fernseher saßen und die Bilder vom Mauerfall sahen, war er sehr gerührt und erschüttert. Ich glaube, er hat es als ein freudiges Ereignis wahrgenommen. Literarisch muss es eine Katastrophe für ihn gewesen sein, fast ein Todesurteil.

Aber Sie haben nach der Kindheit und Jugend gefragt. Wolfgang war ein einsames, vernachlässigtes Kind, ein Schlüsselkind. Sein Vater ist nicht aus dem Krieg zurückgekommen, er hat ihn nie kennengelernt. Schon als Kind war er ein Außenseiter, später, als er zu schreiben anfing, erst recht. In seiner Umgebung hat niemand verstanden, was er da machte. Schreiben war immer etwas Subversives für ihn, eine Widersache, er fühlte sich dabei immer schuldig.

War er ein sozialer Mensch? Hat er menschlichen Kontakt gesucht?

Persönliche Beziehungen hatte er nur sehr wenige, meistens war er auf der Flucht vor Menschen. Ich war immer allein auf der Welt mit ihm. Auch den Kontakt zu seiner Mutter und zu seiner Tochter hat er nie gepflegt.

Wie ist er dann mit der Maschinerie des Literaturbetriebs umgegangen?

Als sich die Termine noch nicht so häuften, hat er sehr gern gelesen und die Auftritte genossen. Der Literaturbetrieb ist ja, wie Sie schon sagen, eine Maschinerie, in der man persönliche Beziehungen leicht vermeiden kann, wenn man das möchte. Im Literaturbetrieb hat Wolfgang sich eigentlich wohlgefühlt, jenseits seines Schreibtisches am wohlsten in der Außenwelt. Er machte gern Lesungen, weil er in diesem äußeren Rahmen anonym war, weil es dort um seine Literatur ging. Später, als er immer bekannter wurde, wurde es ihm zuviel, er nahm viele Lesungen nicht mehr an oder sagte sie wieder ab und war nur noch auf der Flucht vor den Medien. Aber das waren schon die Jahre, in denen es ihm sowieso nicht mehr gut ging.

Hat ihn der Ruhm verändert?

Ja, der Ruhm und das Geld haben ihm sehr geschadet. Er sagte mir damals öfter, dass er sich die alte Situation zurückwünsche, lieber wieder unbekannt sein und für sich selbst schreiben würde. Es war ja fast wie in einem Märchen, dass dieser Unterirdische nach so langer Zeit plötzlich aus seinem Keller ins Licht emporsteigen konnte. Aus dem verkannten Genie wurde ein bekanntes Genie. Dieser Gegensatz überforderte ihn völlig. Er war ein Mensch mit stark paradoxen Reaktionen. Als er noch unbekannt war, als ihn der Literaturbetrieb nicht beachtete, kannte er keine Schreibkrisen. Die Texte flossen nur so aus ihm heraus. Probleme bekam er erst, als der Verlag und die literarische Öffentlichkeit anfingen, auf neue Texte von ihm zu warten.

Er kam mit dem Erwartungsdruck nicht zurecht?

Nein, überhaupt nicht. Erwartungen durfte man nicht an ihn haben, das versetzte ihn sofort in Panik, machte ihn aggressiv. Die Erwartung an sich war für ihn schon der Grund, sie nicht zu erfüllen.

Hatte das Schreiben für ihn eine stabilisierende Funktion?

Auf jeden Fall. Es war seine einzige Stabilisierung. Er konnte ohne das Schreiben nicht leben. Das Leben interessierte ihn nicht. Es war für ihn zweite Hand, Wiederholung, ein Abklatsch des Immergleichen. Er wollte etwas Neues, etwas Anderes, und das lag für ihn in der Sprache. Für ihn war die Literatur das Leben. Soviel ich weiß, hat er in den letzten Jahren kaum noch etwas geschrieben, jedenfalls hat er nichts mehr veröffentlicht. Wir waren zu dieser Zeit schon getrennt, aber ich sah das als ein sehr schlechtes Zeichen. Allerdings ahnte ich nicht, wie steil er auf Grund ging. Vielleicht deshalb, weil er nicht mehr schreiben konnte. Aber das weiß ich nicht.

Was war Wolfgang Hilbig für ein Mensch?

Er war ein gespaltener Mensch. Er hatte viele Gesichter. Und sie wechselten völlig unberechenbar. Er litt an Selbsthass und Selbstzerstörungswut. Vielleicht hat dieser Teil in ihm letztlich gesiegt. Aber vielleicht hat er zuletzt doch noch Erlösung gefunden. Ich möchte das sehr gern glauben.

NACHWORT

Ort der Gewitter (Wustrow) – Eine Erinnerung an den letzten Besuch bei Wolfgang Hilbig. Von Jürgen Hosemann

Als der Regen schwächer wurde, ging ich vom Hotel aus noch einmal zur Seebrücke; es war elf Uhr abends, und niemand sonst war dort. Obwohl sich das Gewitter entfernt hatte, fehlte mir aus Angst vor den Blitzen der Mut, bis an die Spitze der langen, schmalen, stegartigen Konstruktion zu gehen, die aufs Meer hinausführte. Ich stand jetzt an jener Stelle, an der er ein paar Tage zuvor zum letzten Mal die Ostsee gesehen hatte; danach war er zu schwach gewesen, das Haus noch einmal zu verlassen.

Bis zum Beginn des Regens war ich noch bei ihm gewesen (wie er, eine Hand auf der Brust, in dem abgedunkelten Zimmer schlief; wie er uns von seinem Sessel im Wohnzimmer aus draußen beim Essen zusah; wie er nach einem Wort oder Namen suchte und sich leise entschuldigte, als er es nicht fand). Mit den ersten Regentropfen hatte ich dann etwas überstürzt das Haus in dem kleinen Ferienort verlassen und war zurück in mein Hotel gegangen, wo mir auf den Fluren Menschen in weißen Bademänteln begegneten; ich war, ohne es zu wollen, in ein auf Wellness spezialisiertes Urlaubsparadies geraten, während er kaum zweihundert Meter entfernt im Sterben lag. Auf dem Zimmer hatte ich begonnen, in seinen Briefen und ungedruckten Texten zu lesen und dann noch einmal in »Ort der Gewitter«, einer Kindheitserinnerung an die 50er Jahre, in der eine ganze Stadt einen Sommer lang auf das erlösende Unwetter wartet (– alles, was ich las, war ein Schreiben bei Gewitterlicht).

Das Gewitter da draußen geisterte jetzt unruhig über dem Meer herum, als wüsste es nicht wohin. Am Land, zu beiden Seiten der Seebrücke, hockten abweisend und desinteressiert die Strandkörbe. Ein oder zwei Kilometer weiter erhellte ein weißes Leuchtfeuer die Nacht, das Signal war Kurz-Kurz-Lang. Die Regenluft streute das Licht in weitem Umkreis, und als ich es das erste Mal sah, dachte ich, ein Auto käme mir dort aus den Dünen entgegen (als münde die Straße direkt ins Meer). Die Lichter der westlicher liegenden Orte, die gestern Abend deutlich zu sehen gewesen waren (sogar das Feuerwerk über Rostock), hatte die Nacht verschluckt; auch nach der anderen Seite, wo Ahrenshoop lag, war völlige Schwärze, in der nur manchmal und wie vom Wind geworfen ein rotes Licht auftauchte.

Ein Geräusch ließ mich zum Land zurückblicken; eine in ihrer Kleidung unförmige Gestalt, die eine Art Einkaufswägelchen hinter sich herzog, kam auf mich zu. Als der Mann heran war, sah ich, dass es einer der Angler sein musste, die abends die Seebrücke bevölkerten.

»Als das losging«, sagte der Mann und zeigte zum Himmel, »sind die anderen ja alle gleich weg. Hätte doch keiner gedacht, dass das dann auch so schnell wieder weg sein würde.«

Ich wollte sagen, dass nach meinem Gefühl die Blitze wieder zahlreicher geworden waren, aber dann fragte ich nur, ob er heute Nacht noch mit weiteren Anglern rechne. »Nein«, sagte der Mann, der unter seiner Kapuze kaum zu erkennen war. »Bei Gewitter soll man ja nicht hinausgehen.«

Die Sätze, die ich eben noch im Hotel gelesen hatte, trieben noch immer durch mein Gedächtnis, als werfe das Meer selbst diese schimmernden Worte an Land, wo ich sie nur aufzusammeln brauchte … Jeder lauscht seiner eigenen See.

»Dorsch und Plattfisch«, sagte der Mann. »Noch bis um eins.«

Ich sah, dass er ein rundes, gerötetes Gesicht hatte und noch eine Kappe unter der Kapuze trug.

»Dann noch guten Fang«, sagte ich; ich wusste nicht, wie ich mich verabschieden sollte.

»Bei Gewitter soll man ja nicht hinausgehen, sagte der Mann wieder und nickte.

Ich sah ihm nach, wie er langsam kleiner wurde, als er sich mit seinem Wägelchen auf der Seebrücke in Richtung Spitze entfernte. Er ging sehr langsam, als könne er nur mühsam laufen, vielleicht hinkte er auch, und bei jedem Blitz, der den Himmel erhellte, blieb er erneut stehen, als überlege er, ob er wirklich weitergehen solle. Tatsächlich schienen die Blitze jetzt wieder größere und kompliziertere Strukturen zu bilden … Das Meer verhüllt von Licht: verhüllt von Helligkeit …, während der darauf folgende Donner aus ganz anderer Richtung heranzurollen schien, was das Gefühl von Gefahr noch verstärkte. Noch immer hatte der Mann nicht die Spitze der Seebrücke erreicht, aber er kam mir schon jetzt unerreichbar vor und verloren.

Ich war dann wohl eine Weile mit den Hilbig-Sätzen in meinem Kopf beschäftigt … das elektrische Aroma einer ozeanischen Wolke / (unsichtbar für den nachtblinden Dichter) … und mit meinen Gedanken an das Haus (wie er langsam an seiner Zigarette zog und eine Hustenwelle ihn durchrollte; wie er an einem Likörglas mit Wasser nippte, das er seinen Cocktail nannte), denn als ich wieder die Seebrücke hinunterschaute, lag sie leer und verlassen vor mir. Der Angler musste die breitere Plattform an ihrem Ende erreicht haben (das war die naheliegende Begründung), wo ich ihn nicht mehr erkennen konnte (die Dunkelheit und zugleich die blendenden Laternen, die Regentropfen auf meiner Brille, vielleicht sogar die Wirkung der Haschzigarette, die sein Pfleger im Haus noch herumgereicht hatte, obwohl ich nichts davon zu spüren glaubte).

Eigentlich aber war mir (noch während ich durch den nun wieder stärkeren Regen zum Hotel zurücklief; späte Bademäntel, candlelight dinner show), als hätte ich hier an der Seebrücke von Wustrow, an der Gespensterküste der Stadt, ein vollendetes Bild vom Verschwinden des Dichters Wolfgang Hilbig gesehen. In meiner Vorstellung (»in Wirklichkeit«) ist er jener anonyme Angler gewesen, der in dieser Nacht des 27. Mai 2007, Pfingstsonntag, ganz allein den langen schmalen Steg hinaus ins Meer gegangen ist ... das Meer: das nicht mehr Tag noch Nacht ist sondern Zeit ..., zögernd und zielstrebig zugleich, in eine von unregelmäßigen Blitzschlägen erhellte Schwärze hinein, die dennoch Schwärze blieb – ach wie ich träumen werde nach dem Abzug der Gewitter.

Sechs Tage später ist Wolfgang Hilbig in Berlin gestorben.

Bibliografie der selbstständigen Veröffentlichungen

1979	»abwesenheit. gedichte« (Fischer) Frankfurt am Main
1982	»Unterm Neomond. Erzählungen« (Fischer) Frankfurt am Main
1983	»stimme stimme. Gedichte und Prosa« (Reclam) Leipzig
1985	»Der Brief. Drei Erzählungen« (Fischer) Frankfurt am Main
1986	»die versprengung. gedichte« (Fischer) Frankfurt am Main
1986	»Die Territorien der Seele. Fünf Prosastücke« (Friedenauer Presse) Berlin
1987	»Die Weiber. Erzählung« (Fischer) Frankfurt am Main
1989	»Eine Übertragung. Roman« (Fischer) Frankfurt am Main
1990	»Über den Tonfall. Drei Prosastücke« (Friedenauer Presse) Berlin
1991	»Alte Abdeckerei. Erzählung« (Fischer) Frankfurt am Main
1992	»Aufbrüche. Erzählungen« (Fischer) Frankfurt am Main
1992	»Die Kunde von den Bäumen« (Sisiphos Presse Faber und Faber) Berlin
1992	»zwischen den paradiesen. Prosa. Lyrik« (Reclam) Leipzig
1993	»Grünes, grünes Grab. Erzählungen« (Fischer) Frankfurt am Main
1993	»›Ich‹. Roman« (Fischer) Frankfurt am Main
1994	»Die Arbeit an den Öfen« (Friedenauer Presse) Berlin
1995	»Abriss der Kritik. Frankfurter Poetikvorlesungen« (Fischer) Frankfurt am Main
1996	»Die Kunde von den Bäumen« (Fischer) Frankfurt am Main (überarbeiteter Text der Ausgabe von 1992)
1997	»Die Angst vor Beethoven und andere Prosa« (Fischer) Frankfurt am Main
2000	»Das Provisorium. Roman« (Fischer) Frankfurt am Main
2001	»Bilder vom Erzählen. Gedichte« (Fischer) Frankfurt am Main
2002	»Erzählungen« (Fischer) Frankfurt am Main
2003	»Der Schlaf der Gerechten. Erzählungen« (Fischer) Frankfurt am Main
2008	»Werke Band 1: Gedichte« (Fischer) Frankfurt am Main